Darstellung ärztlicher Weiterbildungs-kosten im Krankenhaus

Schriften zur Gesundheitsökonomie 16

Darstellung ärztlicher Weiterbildungskosten im Krankenhaus

Angela Heil
Martin Schwandt
Oliver Schöffski

Heil, Angela
Schwandt, Martin
Schöffski, Oliver

Universität Erlangen-Nürnberg
Lehrstuhl für Gesundheitsmanagement
Lange Gasse 20
90403 Nürnberg, Deutschland

Darstellung ärztlicher Weiterbildungskosten im Krankenhaus
Schriften zur Gesundheitsökonomie 16, HERZ, Burgdorf, 2009
ISBN 978-3-936863-15-4

Herstellung: Books on Demand GmbH, Norderstedt

Inhaltsverzeichnis

Abbildungsverzeichnis

Tabellenverzeichnis

Abkürzungsverzeichnis

AA	Assistenzarzt
AÄ	Assistenzärzte
ÄAppO	Approbationsordnung für Ärzte
ACH	Allgemeine Chirurgie
AG	Aktiengesellschaft
AiP	Arzt im Praktikum
AR-DRG	Australian Refined Diagnosis Related Groups
BFW	Basisfallwert
BMG	Bundesministerium für Gesundheit und soziale Sicherung
BOP	Benchmark operativer Prozesszeiten
BPflV	Bundespflegesatzverordnung
Bsp.	Beispiel
bzw.	beziehungsweise
CA	Chefarzt
ca.	Circa
CC	Comorbidity oder Complications, als fallerschwerend im DRG-System
CeKIB	Centrum für Kommunikation, Information und Bildung
CMO	Casemix-Office
CT	Computertomograph
DDR	Deutsche Demokratische Republik
DGAI	Deutsche Gesellschaft für Anästhesiologie und Intensivmedizin e.V.
DGU	Deutsche Gesellschaft für Unfallchirurgie
Dr.	Doktor
DRG	Diagnosis Related Groups
e.V.	eingetragener Verein
EKG	Elektro-Kardiographie
FA	Facharzt
GBA	Gemeinsamer Bundesausschuss von Ärzten und Krankenkassen
G-DRG	German Diagnosis Related Groups
GKV	gesetzliche Krankenversicherung
GmbH	Gesellschaft mit beschränkter Haftung

GMG	Gesetz zur Modernisierung der gesetzlichen Krankenversicherung (GKV-Modernisierungsgesetz)
GSG	Gesetz zur Sicherung und Strukturverbesserung der gesetzlichen Krankenversicherung (Gesundheitsstrukturgesetz)
H-N-O	Hals-, Nasen-, Ohren
Hrsg.	Herausgeber
ICD	International Classification of Diseases
ICD-9-CM	International Classification of Diseases – Version 9 – Clinical Modification
InEK	Institut für das Entgeltsystem im Krankenhaus
KHG	Krankenhausfinanzierungsgesetz
KHNG	Gesetz zur Neuordnung der Krankenhausfinanzierung
M&M	mortality and morbidity
MCC	Medical Control Center
Min.	Minuten
o.V.	ohne Verfasser
OA	Oberarzt
OP	Operation
Op	der für Operationen eingerichtete Operationssaal
OPD	Operationsdokumentationssystem
OPS	Operationen- und Prozedurenschlüssel
Prof.	Professor
S.	Seite
SNZ	Schnitt-Naht-Zeit
TV	Tarifvertrag
u.a.	und andere
USA	United States of America
v. Chr.	vor Christus (vor Christi Geburt)
ver.di	Vereinte Dienstleistungsgewerkschaft
vgl.	vergleiche
VKA	Vereinigung der kommunalen Arbeitgeberverbände
WB	Weiterbildung
z.B.	zum Beispiel
ZPM	Zentrales Patientenmanagement

1. Einleitung

1.1. Bedeutung und Relevanz des Themas

Der **Eid des Hippokrates**, benannt nach dem griechischen Arzt Hippokrates von Kós (um 460 bis 370 v. Chr.), gilt als erste grundlegende Formulierung einer ärztlichen Ethik. Mittlerweile sollte er eher als ein Stück Medizingeschichte betrachtet werden und wird in seiner klassischen Form nicht mehr von Ärzten[1] geleistet. Er enthält jedoch mehrere Elemente, die auch gegenwärtig noch Bestandteil ärztlicher Ethik sind (z.B. das Gebot Kranken nicht zu schaden, die Schweigepflicht sowie das Verbot sexueller Handlungen an Patienten). Manche Teile entsprechen wiederum nicht mehr den heutigen Gegebenheiten und Gesetzen (z.B. das Verbot Blasensteine zu operieren sowie das Verbot des Schwangerschaftsabbruches). Wie aber verhält es sich mit dem zweiten Absatz des Hippokratischen Eides: „Ich werde den, der mich diese Kunst gelehrt hat, gleich meinen eigenen Eltern achten, ihm Anteil geben an meinem Hab und Gut und in der Not ihm geben, was er braucht. Seine Söhne werde ich als meine Brüder betrachten und sie in dieser Kunst unterweisen, wenn sie sie erlernen wollen, **ohne Entgelt** und ohne vertragliche Verpflichtung.“?[2] Resultiert aus dieser über 2.400 Jahren geltenden traditionellen Verpflichtung, dass die ärztliche Weiterbildung durch erfahrene Ärzte kostenfrei erfolgt? Fakt ist, dass die Kostenträger der Krankenhausfinanzierung sich bisher weigern dafür z.B. Zuschläge zu den pro Patienten abzurechnenden Fallpauschalen, den Diagnosis Related Groups (DRGs), zu zahlen.

Mit der **Einführung des DRG-Abrechnungssystems** und dem Ende der Konvergenzphase 2009 werden alle Krankenhäuser nach dem gleichen Basisfallwert vergütet werden. Der dadurch entstehende stärkere Wettbewerb zwischen den Krankenhäusern hat bereits zu einer Veränderung der Krankenhauslandschaft geführt. Die ökonomische Logik wird mehr und mehr zum Maß der Dinge und die zeitintensive ärztliche Weiterbildung zum lästigen Nebenprodukt.[3] Besonders Krankenhäuser in öffentlicher Trägerschaft haben strukturbedingt mit dem steigenden

---

1 Zur Vereinfachung der Lesbarkeit wurde in der gesamten Ausarbeitung jeweils nur die männliche Form verwendet, gemeint sind jedoch immer beide Geschlechter.

2 Vgl. Steinmann (1998), Übersetzung nach Edelstein Lichtenthaeler.

3 Vgl. Flintrop, J. (2006) und Feld, M. (2005).

Kostendruck zu kämpfen. Zusätzlich ist dort der überwiegende Teil der, sich in ärztlicher Weiterbildung befindenden, Assistenzärzte beschäftigt. Durch die Nichtvergütung der Weiterbildung entsteht eine ungerechte Leistungsverteilung. Es handelt sich dabei um ein **Umverteilungsproblem**, bei dem weiterbildende Krankenhäuser klar im Nachteil sind und der Grundsatz des DRG-Systems: „Gleiches Geld für gleiche Leistung“ nicht eingehalten wird. Ein künftiger Fachärztemangel zeichnet sich bereits ab, denn die Weiterbildung durchzuführen wird für Krankenhäuser immer unwirtschaftlicher und viele haben ihren Weiterbildungsumfang bereits stark eingeschränkt.

Insofern spielen die Kosten und die Finanzierung der ärztlichen Weiterbildung eine immer wichtigere Rolle in der gesundheitspolitischen Diskussion. Das empirische Fundament, auf dem diese Diskussionen aufbauen, ist allerdings schwach. Bisher durchgeführte Studien zu dem Thema,[4] der durch ärztliche Weiterbildung entstehenden Mehrkosten, belegen, dass die Dauer der **intraoperativen Prozessabläufe** in Krankenhäusern mit mehr als 15.000 Fällen pro Jahr verlängert ist. Da es sich bei diesen Großkliniken hauptsächlich um Universitätskliniken und Kliniken in öffentlicher Trägerschaft handelt, liegt die Vermutung nahe, dass diese verlängerten Prozesszeiten aus der dort stattfindenden ärztlichen Weiterbildung resultieren. Der sich daraus ergebende Mehraufwand an Personalkosten wird allerdings bisher im DRG-System nicht berücksichtigt.

1.2. Zielsetzung der Arbeit

Dennoch gibt es in der Diskussion um die Kosten der ärztlichen Weiterbildung zwei unterschiedliche Ansichtsweisen.[5] Die eine ist, dass keine Mehrkosten verursacht werden und die Assistenzärzte ihr geringeres Gehalt durch ihren Einsatz selbst erwirtschaften. Die zweite sieht die Weiterbildung durchaus als einen zusätzlichen Kostenfaktor, da sie eine umfangreiche Betreuung und Anlernzeit erfordert, die kostenmäßig nicht allein durch ein niedrigeres Gehalt ausgeglichen werden kann.

---

4 Vgl. Bauer, M., Hanss, R., Römer, T., u.a. (2007a) und Bauer, M., Hanss, R., Römer, T., u.a. (2007b).

5 Vgl. Roeder, N. (2008), Folie 6.

Schon seit Beginn der schrittweisen Einführung des DRG-Systems im Jahr 2004 wird bemängelt, dass die ärztliche Weiterbildung dort keine Berücksichtigung findet[6] und somit den Krankenhäusern nicht extra vergütet wird. Allerdings **fehlen** noch immer **fundierte Daten**, um aufzuzeigen wie viel Mehrkosten den Krankenhäusern durch die Durchführung der ärztlichen Weiterbildung tatsächlich entstehen, um auf diese Weise eine zusätzliche Vergütung rechtfertigen und kalkulieren zu können. Überhaupt wurde die gesetzlich vorgesehene Begleitforschung zur Einführung des DRG-Systems bisher nur sehr unzureichend durchgeführt,[7] so dass ein großer Bedarf an Untersuchungen zur aktuellen Situation der Krankenhäuser besteht.

Ziel dieser Ausarbeitung ist es, exemplarisch zu zeigen wie viel Mehrkosten durch ärztliche Weiterbildung entstehen. Sie wurde in Kooperation mit dem Klinikum Nürnberg, eines der größten kommunalen Krankenhäuser mit maximaler Leistungsstufe in Europa, erstellt. Ihr Schwerpunkt liegt dabei im operativen Bereich zweier chirurgischer Fächer. An jeweils einer Eingriffsart in der H-N-O-Klinik sowie in der Allgemeinen Chirurgie wird gezeigt, dass die durchschnittlichen Operationszeiten bei Assistenzärzten im Vergleich zu denen der Fachärzte verlängert sind. Durch diese weiterbildungsbedingten zeitlichen Verzögerungen entstehen den Krankenhäusern zusätzliche Kosten, die in einem nächsten Schritt errechnet werden. Diese Kalkulationen liefern **erste Richtwerte** zu der Höhe der Weiterbildungskosten sowie eine gute Ausgangslage für weitere folgende Studien.

Dieser Schwerpunkt wurde gewählt, da es sich als sehr schwierig herausgestellt hat, ärztliche Weiterbildungskosten isoliert zu betrachten. Assistenzärzte sind fest im klinischen Alltag eingebunden und oft fehlen Vergleichsmöglichkeiten zwischen ihren Handlungsweisen und denen eines Facharztes. Eine erschöpfende Analyse der Kosten aller stattfindenden Lehr- und Lernprozesse soll und kann diese Ausarbeitung daher nicht leisten. Durch die vorhandene genaue Zeiterfassung während der Operationen war es möglich, die Schnitt-Naht-Zeiten der Assistenzärzte mit denen der Fachärzte, unter sonst gleichen Bedingungen, zu verglei-

6 Vgl. Deutscher Ärztetag (108.) am 03. bis 06.05.2005.

7 Vgl. Braun, B., Buhr, P., Klinke, S., u.a. (2008) S. 732.

chen. Wegen dieser besseren Messbarkeit und dem begrenzten zeitlichen Umfang dieser Ausarbeitung, wurde zunächst der Schwerpunkt auf die chirurgischen Fächer gelegt. Die Ergebnisse konzentrieren sich auf die Personalkosten, da sie in Krankenhäusern, wie in einem Dienstleistungsbetrieb üblich, mit einem Kostenanteil von ca. zwei Drittel der Gesamtkosten, den Hauptkostenfaktor darstellen.[8] Es wird deutlich, dass Krankenhäuser durch die entstehenden Mehrkosten der ärztlichen Weiterbildung in eine **Zwickmühle** geraten. Der ökonomische Druck der Rahmenbedingungen lässt ihnen für ihre ethische Verpflichtung, ihr Wissen an junge Kollegen weiterzugeben, kaum noch die dafür benötigte Zeit.

1.3. Vorgehensweise

Die vorliegende Ausarbeitung wird einleitend einen kurzen Überblick über den Ablauf der ärztlichen Weiterbildung und deren hohen Stellenwert im medizinischen Alltag geben. Der daran anknüpfende Teil beschäftigt sich mit den Folgen der Einführung des DRG-Systems in Bezug auf die ärztliche Weiterbildung. Auch die sich für weiterbildende Krankenhäuser ergebenden neuen Herausforderungen in diesem Zusammenhang werden kurz dargestellt. Um zu sehen, wie andere Länder, die Krankenhausleistungen mit einem DRG-System vergüten, das Problem der Finanzierung der Weiterbildung lösen, folgt anschließend eine nähere Betrachtung Australiens und der Schweiz.

Das Kernstück der Ausarbeitung stellen die durchgeführten Datenerhebungen dar. Dafür wurde insgesamt 120 Stunden in der H-N-O-Klinik und der Allgemeinen Chirurgie des Klinikums Nürnberg hospitiert, um einen authentischen Eindruck der Abläufe zu erhalten. Dabei konnten auch zahlreiche interessante und informative Gespräche mit Ärzten aller Hierarchiestufen, sowie mit Krankenschwestern, Mitarbeitern des Controllings und der Verwaltung geführt werden. Den Hauptteil macht die vergleichende Analyse der Schnitt-Naht-Zeiten der Assistenzärzte mit den Fachärzten an Hand zweier Eingriffsarten aus. Sie liefert konkrete Daten darüber, um wie viele Minuten diese Eingriffe verlängert sind, wenn im Rahmen des Eingriffs weitergebildet wird. Durch die Belegung dieser zusätzlichen Minuten mit den dadurch entstehenden zusätzlichen Kosten können Hochrechnungen auf

[8] Vgl. Statistisches Bundesamt (2006b), S. 12.

die gesamten Kosten der ärztlichen Weiterbildung durchgeführt werden. Neben dem operativen Bereich werden auch die Ambulanzbereiche der Kliniken im Hinblick auf sich dort zusätzlich ergebende Kosten, durch die Durchführung ärztlicher Weiterbildung, untersucht. Abschließend veranschaulicht ein an alle Ärzte ausgegebener Fragebogen, dass sowohl deren Entscheidungsautonomie- als auch deren Verantwortungsgrad mit zunehmenden Berufsjahren steigen.

Eine erste Bündelung der Ergebnisse sowie deren kritische Würdigung leiten das Ende dieser Ausarbeitung ein. Es werden verschiedene Finanzierungsmöglichkeiten der Weiterbildung aufgezeigt, bevor diese Arbeit in einer zusammenfassenden Gesamtschau mit einem abschließenden Ausblick endet.

2. Die ärztliche Weiterbildung zum Facharzt

2.1. Begriffsabgrenzung Weiterbildung

Bei der Beschäftigung mit dem Thema der ärztlichen Weiterbildung ist es wichtig, diese nicht mit der ärztlichen Ausbildung oder der ärztlichen Fortbildung zu verwechseln. Daher folgt hier eine kurze Abgrenzung der Begriffe.

Die **ärztliche Ausbildung** ist in der Bundesärzteordnung und in der Approbationsordnung für Ärzte bundeseinheitlich geregelt. Nach diesem geltenden Recht umfasst die ärztliche Ausbildung: ein Hochschulstudium der Medizin von mindestens sechs Jahren, das eine zusammenhängende praktische Ausbildung in Krankenanstalten von 48 Wochen umfasst, eine Ausbildung in Erster Hilfe, einen Krankenpflegedienst von drei Monaten, eine Famulatur von vier Monaten und die Ärztliche Prüfung, die in zwei Abschnitten abzulegen ist.[9] Mit dem Bestehen dieser Prüfung und dem Nachweis über alle anderen Ausbildungsbestandteile erhält man die ärztliche Approbation.

Die **Weiterbildung** ist für den Arztberuf, im Gegensatz zu anderen akademischen Berufen, ein klar geregelter gesetzlicher Terminus. Er beinhaltet, dass der nach seiner Universitätsausbildung approbierte Arzt unter Anleitung eines erfahrenen, von der Ärztekammer zur Weiterbildung befugten Arztes, die speziellen diagnostischen und therapeutischen Kenntnisse und Fertigkeiten eines Gebietes eingehend erlernen muss. Danach kann er neben der Berufsbezeichnung Arzt weitere Bezeichnungen führen, die auf besondere oder zusätzliche Kenntnisse hinweisen.[10] Es handelt sich um eine klar definierte Höherqualifizierung und Differenzierung. Sie betrifft Assistenzärzte oder auch Fachärzte, die eine weitere Fachbezeichnung führen möchten. Die Weiterbildung kann in vielen verschiedenen Fachrichtungen erfolgen, wie z.B. zum Facharzt für Hals-Nasen-Ohren-Heilkunde (H-N-O-Heilkunde) oder zum Facharzt für Allgemeine Chirurgie. Die Weiterbildung ist mit Inhalt und Definitionen der einzelnen Fachgebiete in den länderspezifischen Weiterbildungsordnungen genauer geregelt. Die Dauer dieser Ausbildung

---

[9] Vgl. Bundesministerium für Gesundheit und soziale Sicherung (2005b), S.1.

[10] Vgl. Burger, R. (o.J.).

variiert von Gebiet zu Gebiet, liegt beispielsweise in der H-N-O-Heilkunde bei mindestens fünf Jahren und in der Allgemeinen Chirurgie bei mindestens sechs Jahren.[11] Ärzte in der Weiterbildung sind hauptberuflich als angestellte Ärzte tätig und erhalten eine Vergütung als Assistenzarzt, deren Höhe dem entsprechenden Tarifvertrag zu entnehmen ist. Die vorgeschriebene Weiterbildung wird mittels einer Prüfung, sowie durch ein Zeugnis des Weiterbilders und der Vorlage der Dokumentationsbögen nachgewiesen. Nach erfolgreichem Abschluss, meist in Form einer abschließenden mündlichen Prüfung, erhält der Arzt von der zuständigen Ärztekammer die Anerkennung, die zum Führen der Fachbezeichnung berechtigt.[12]

Die **ärztliche Fortbildung** ist seit dem GKV-Modernisierungsgesetz[13] vom 01.01.2004 in § 95d für alle Vertragsärzte neu geregelt und seit dem 01.01.2006 laut Beschluss des Gemeinsamen Bundesausschusses vom 20.12.2005 auch für alle Fachärzte im Krankenhaus verpflichtend.[14] Diese müssen seitdem innerhalb eines 5-Jahresrhythmuses 250 Fortbildungspunkte nachweisen.[15] Im Unterschied zu den niedergelassenen Ärzten, bei welchen der Inhalt der Fortbildung nicht vorgeschrieben ist, müssen bei den Fachärzten im Krankenhaus mindestens 150 Fortbildungspunkte fachspezifisch sein, um so dem Erhalt und der Weiterentwicklung der fachärztlichen Kompetenz zu dienen.

Die verschiedenen Möglichkeiten Punkte zu sammeln wurden in sieben Fortbildungskategorien zusammengefasst. Diese Kategorien lauten: A: Vortrag und Diskussion, B: mehrtägige Kongresse im In-und Ausland, C: Fortbildung mit konzeptionell vorgesehener Beteiligung jedes Teilnehmers, D: Strukturierte interaktive Fortbildung, E: Selbststudium, F: Wissenschaftliche Veröffentlichungen und Vorträge und G: Hospitationen. In der (Muster-) Fortbildungssatzungsregelung der Bundesärztekammer ist genauer erläutert, für welche Art von Fortbildung und mit welcher Dauer es wie viele Fortbildungspunkte gibt.[16] Diese Fortbildungspflicht

[11] Vgl. Weiterbildungsordnung (2007) 4.1 und 6.1.
[12] Vgl. Bundesministerium für Gesundheit und soziale Sicherung (2005b), S. 3.
[13] Gesetz zur Modernisierung der gesetzlichen Krankenversicherung.
[14] Vgl. Gemeinsamer Bundesausschuss (2005).
[15] Vgl. Gesetz zur Modernisierung der gesetzlichen Krankenversicherung (2003) § 95d und Richter-Reichhelm, M. (2005), S. A306.
[16] Vgl. Deutscher Ärztetag (107.) am 18. bis 21.05.2004.

betrifft alle Ärzte gleichermaßen. Assistenz-, Fach-, Ober- und auch Chefärzte sind somit aufgefordert auch nach ihrem Dienst Abendveranstaltungen zu besuchen und sich zu Kongressen und Kursen anzumelden. Allerdings kann man auch durch das Selbststudium von Fachliteratur bis zu 10 Fortbildungspunkte pro Jahr angerechnet bekommen.[17]

Die Fortbildung dient dem Erhalt und der dauerhaften Aktualisierung der ärztlichen Qualifikation für die bestmögliche Versorgung der Patienten. Die Ärzte sollen dadurch auf dem zeitgemäßen Stand der medizinischen Weiterentwicklungen gehalten und über aktuelle Entwicklungen informiert werden. Für die Teilnahme an Fortbildungsveranstaltungen können alle Ärzte pro Jahr fünf Tage von ihrer Arbeit in Form von Bildungsurlaub frei gestellt werden.[18] Kommen die Ärzte ihrer Fortbildungspflicht nicht nach, wird zunächst ihr Honorar gekürzt. Sie können innerhalb einer 2-Jahresfrist die Fortbildungen nachholen. Gelingt ihnen dies nicht, droht sogar der Verlust ihrer Approbation.[19] Über die Landesärztekammern sind Programme mit verschiedenen Fortbildungsveranstaltungen für Ärzte erhältlich. Für die Einhaltung der Fortbildungsverpflichtung der Fachärzte im Krankenhaus ist der Ärztliche Direktor des jeweiligen Klinikvorstandes verantwortlich. Er überwacht und dokumentiert diese und erstellt darüber einen Bericht für die Krankenhausleitung. In dem Qualitätsbericht des Krankenhauses wird dieser dann, mit dem Vermerk in welchem Umfang die Fortbildungspflichten erfüllt wurden, veröffentlicht.[20]

2.2. Aufbau und gesetzlicher Hintergrund

2.2.1. Die Approbation

Die Approbation bzw. die Berufszulassung ist die Genehmigung sich als Arzt bezeichnen und als solcher auch praktizieren zu dürfen. Sie ist gleichzeitig die Voraussetzung für die ärztliche Weiterbildung zum Facharzt. Eine Promotion zum Dr. med. ist zur Berufsausübung und zur Weiterbildung nicht erforderlich.

---

17 Vgl. o.V. (2003), S. 2.
18 Vgl. TV-Ärzte/VKA (2006) § 6.
19 Vgl. GMG (2003) § 95d (3).
20 Vgl. SGB V § 137 (1).

Die **Approbationsordnung** regelt die ärztliche Ausbildung. Sie spezifiziert die Leistungen, die Medizinstudenten zum Erlangen der Approbation nachweisen müssen. Was die ärztliche Ausbildung im Einzelnen umfasst wurde bereits unter 2.1. genau aufgeführt. Des Weiteren beinhaltet die Approbationsordnung die Prüfungsbestimmungen, den Prüfungsinhalt und die Auflistung der Unterlagen, die zusammen mit dem Antrag auf die Approbation an die zuständige Stelle des Landes zu richten sind. Diese Unterlagen beinhalten: einen Lebenslauf, die Geburtsurkunde, einen Nachweis über die Staatsangehörigkeit, ein amtliches Führungszeugnis, eine Erklärung darüber, ob gegen den Antragssteller ein gerichtliches Strafverfahren oder ein staatsanwaltschaftliches Ermittlungsverfahren anhängig ist, eine ärztliche Bescheinigung, dass der Antragssteller nicht in gesundheitlicher Hinsicht zur Ausübung des Berufs ungeeignet ist und das Zeugnis über die Ärztliche Prüfung.[21] In den Anlagen der Approbationsordnung befinden sich Vordrucke für die, von den Medizinstudenten vorzulegenden, Bescheinigungen und Zeugnisse, sowie die Auswahl der Wahlfächer für den zweiten Abschnitt der Ärztlichen Prüfung und eine Auflistung des Prüfungsstoffs beider Ärztlichen Prüfungen.

Seit dem in Kraft treten der neuen Approbationsordnung am 01.10.2004 ist die Ableistung einer 18-monatigen Praktikumsphase, bekannt als **Arzt im Praktikum (AiP)**, nicht mehr Bestandteil der ärztlichen Ausbildung. Die neue Approbationsordnung sieht eine verbesserte universitäre Ausbildung durch eine stärkere Praxisorientierung und die Vermittlung sozialer Kompetenz schon während des Medizinstudiums vor.[22] Die Verknüpfung von Theorie und Praxis erfolgt fortlaufend während des gesamten Studiums. Die ganzheitliche Sicht der Situation der Patienten wird stärker berücksichtigt und der Unterricht deshalb verstärkt fächerübergreifend und problemorientiert gestaltet. Somit wurde die Ausbildungszeit der Ärzte verkürzt. Diese lange umstrittene Praktikumszeit wurde ursprünglich auch zu Einsparungszwecken eingeführt, da Ärzte im Praktikum wesentlich weniger verdienten als Assistenzärzte. Mit dem Wegfall der AiP-Zeit aus der ärztli-

[21] Vgl. Approbationsordnung für Ärzte (2002) § 39.
[22] Vgl. Bundesministerium für Gesundheit und soziale Sicherung (2005b), S. 1.

chen Ausbildung soll die Attraktivität dieses Berufes wieder steigen und einem bevorstehenden Ärztemangel entgegen gewirkt werden.[23]

2.2.2. Die Weiterbildung

Die ärztliche Weiterbildung und die Anerkennung als Facharzt richten sich nach Kammer- bzw. Heilberufsgesetzen der Länder und den Weiterbildungsordnungen der Landesärztekammern. In den Weiterbildungsordnungen finden sich, neben Regelungen für Dauer und Inhalt der Weiterbildung, Definitionen für die einzelnen Fachgebiete. Die Weiterbildungsordnungen in den Ländern sind in ihren wesentlichen Inhalten gleich.[24] Ohne abgeschlossene Weiterbildung als Allgemein- oder Facharzt eines anderen Gebietes ist die Teilnahme am System der vertragsärztlichen Versorgung grundsätzlich nicht möglich. Im System kann der Vertragsarzt nur Leistungen innerhalb der Grenzen seines Fachgebietes erbringen und abrechnen, die von der Weiterbildungsordnung definiert werden. Die staatliche Krankenhausplanung beruht auf der Fachgebietsgliederung der Weiterbildungsordnung und im Tarifgefüge des Krankenhauses ist die abgeschlossene Facharztweiterbildung die Bedingung für die erste Stufe des tariflichen Aufstiegs. Des Weiteren hat der Patient Anspruch auf eine Behandlung, die dem Stand eines erfahrenen Facharztes entspricht, dem so genannten Facharztstandard.[25] Dies alles unterstreicht die große Bedeutung der ärztlichen Weiterbildung im deutschen Gesundheitssystem.

Exemplarisch wird hier auf die **Weiterbildungsordnung für die Ärzte Bayerns**, insbesondere auf die Bereiche Facharzt für Allgemeine Chirurgie und Facharzt für Hals-Nasen-Ohrenheilkunde mit den dazugehörigen Richtlinien und Dokumentationsbögen näher eingegangen.

Die Ärztliche Weiterbildung soll im Interesse der bestmöglichen medizinischen Versorgung der Patienten und der Sicherung der Qualität ärztlicher Berufsausübung das Erlernen besonderer ärztlicher Fähig- und Fertigkeiten bezwecken und zwar nachdem die Berechtigung zur Ausübung des ärztlichen Berufs bereits erteilt

[23] Vgl. o.V. (2004).
[24] Vgl. Bundesministerium für Gesundheit und soziale Sicherung (2005b), S. 2.
[25] Vgl. Burger, R. (o.J.).

wurde.[26] Die Weiterbildung erfolgt über die praktische Anwendung ärztlicher Kenntnisse in der ambulanten und stationären Versorgung der Patienten, sowie durch theoretische Unterweisungen und teilweise auch mittels erfolgreicher Teilnahme an anerkannten Kursen. Die dabei vorgeschriebenen Weiterbildungsinhalte und -zeiten sind Mindestanforderungen. Die Weiterbildung ist in der Regel ganztägig und in hauptberuflicher Stellung durchzuführen. Sie muss gründlich und umfassend sein. Zusätzlich zu den gebietsspezifischen Kenntnissen und Fertigkeiten beinhaltet die Weiterbildung immer auch allgemeine ärztliche Befähigungen. Dies sind z.B. Kenntnisse in ethischen, wissenschaftlichen und rechtlichen Grundlagen ärztlichen Handelns, den Maßnahmen der Qualitätssicherung und des Qualitätsmanagements, der ärztlichen Gesprächsführung einschließlich der Beratung von Angehörigen, der Durchführung von Impfungen und den Strukturen des Gesundheitswesens.[27] Der sich in der Weiterbildung befindende Arzt hat die von ihm abgeleisteten Weiterbildungsinhalte fortlaufend anhand der vorgeschriebenen Kenntnisse, Erfahrungen und Fertigkeiten sowie der jeweils definierten Untersuchungs- und Behandlungsverfahren zu dokumentieren.[28] Dazu bekommen die sich in der Weiterbildung befindenden Ärzte die fachspezifischen Dokumentationsbögen ausgehändigt.

Die **Dokumentationsbögen** sind wie folgt aufgebaut: Allen Fachgebieten gemeinsam sind die ersten zwei Seiten. Dort werden die allgemeinen Inhalte aus § 4 der Weiterbildungsordnung aufgelistet. Der Erwerb dieser Kenntnisse, Erfahrungen und Fertigkeiten muss dort jeweils von dem Weiterbildungsbefugten per Unterschrift bestätigt werden. Dann folgen Nachweise über die Basisweiterbildung der Fachgebiete. In der Allgemeinen Chirurgie gehört zu diesen Weiterbildungsinhalten z.B. die Risikoeinschätzung der Aufklärung und der Dokumentation, die Erkennung, Klassifizierung, Behandlung und Nachsorge chirurgischer Erkrankungen und Verletzungen, die Prinzipien der perioperativen Diagnostik und Behandlung.[29] In der H-N-O-Heilkunde folgen jetzt fachspezifische Basiskenntnisse wie z.B. die Grundlagen funktioneller Störungen der Halswirbelsäule und der

[26] Vgl. Weiterbildungsordnung (2007) § 1.
[27] Vgl. Weiterbildungsordnung (2007) § 4.
[28] Vgl. Weiterbildungsordnung (2007) § 8.
[29] Vgl. Dokumentationsbogen Viszeralchirurgie (2008).

Kiefergelenke, die Hör-Screening-Untersuchung, die Untersuchung der gebietsbezogenen Hirnnerven einschließlich Prüfung des Riech- und Schmecksinnes.[30] Es folgen bei beiden Fachrichtungen nun Untersuchungs- und Behandlungsmethoden mit Richtzahlen, wie oft diese zur Prüfungszulassung ausgeführt werden müssen. Der Weiterbildungsbefugte muss die Daten dieser Durchführungen vermerken und mit seiner Unterschrift mindestens einmal jährlich bestätigen.[31] Nach § 8 Abs. 3 der Weiterbildungsordnung ist ein jährliches Gespräch zwischen dem in der Weiterbildung befindlichen Arzt und dem Weiterbilder verpflichtend. Es sollen dabei der aktuelle Stand und die Fortschritte des Arztes in der Weiterbildung festgestellt werden. Dabei können eventuell vorhandene Lücken aufgezeigt und Möglichkeiten zur Schließung dieser erörtert werden. Der Weiterbilder dokumentiert den wesentlichen Inhalt des Gesprächs auf den letzten Seiten des Dokumentationsbogens und beide Gesprächsteilnehmer unterschreiben diese.

Die **Richtlinien über den Inhalt der Weiterbildung** konkretisieren die Anforderungen in Form der nachzuweisenden Zahlen bei den einzelnen Untersuchungs- und Behandlungsverfahren. Während der Weiterbildung zum Allgemein Chirurgen sind beispielsweise 400 Ultraschalluntersuchungen des Abdomen, Retroperitoneums und der Urogenitalorgane, sowie unter anderem 25 Cholezystektomien (Gallenblasenentfernungen) durchzuführen. Im Bereich der H-N-O-Heilkunde sind es z.B. 200 sonographische Untersuchungen der Gesichts- und Halsweichteile sowie der Nasennebenhöhlen und Doppler- und Duplex-Sonographien der extrakraniellen hirnversorgenden Gefäße und unter anderem 100 Eingriffe im Pharynx (Schlund), was auch die durchzuführenden Tonsillektomien (Mandelentfernungen) beinhaltet.[32]

Letztendlich bleiben die Assistenzärzte in der Praxis allerdings selbst dafür verantwortlich alle Vorgaben einzuhalten und zu erfüllen, ebenso wie sich darum zu kümmern alle Fertigkeiten und Kenntnisse zu erlernen. Besonders im Klinikalltag ist ein hohes Maß an Eigenengagement notwendig, um den hohen Anforderungen

30 Vgl. Dokumentationsbogen Hals-Nasen-Ohrenheilkunde (2008).

31 Vgl. Dokumentationsbogen Viszeralchirurgie und Dokumentationsbogen H-N-O-Heilkunde (2008).

32 Vgl. Richtlinien über den Inhalt der Weiterbildung (2007) 4.1 und 6.1.

gerecht zu werden. Nur durch Nachfragen und Eigeninteresse kann man von dem Wissen der erfahrenen Ärzte voll profitieren.[33]

Der Erfolg der Weiterbildung wird auf Grund der von den Weiterbildern erstellten Zeugnisse, der vollständig ausgefüllten Dokumentationsbögen und einer Prüfung beurteilt und führt zu einer Facharztbezeichnung.[34]

2.3. Tätigkeitsgebiete des Assistenzarztes

2.3.1. Allgemeine Aufgaben

Die Aufgaben eines Arztes sind prinzipiell überall die gleichen: Er soll Krankheiten erkennen und heilen, Beschwerden lindern und Leben verlängern, ganz unabhängig vom Ort seiner Tätigkeit.35 In einer Studie des Wissenschaftszentrums Berlins zu dem Thema „Wandel von Medizin und Pflege im DRG-System" wurde herausgefunden, dass sich die tägliche ärztliche Arbeitszeit wie folgt aufteilt (s. Tab. 1):

	2004		2005/2006	
	Stunden	Prozent	Stunden	Prozent
Medizinische Tätigkeiten je Arbeitstag	4,34	42,51	4,33	45,39
Patienten- / Angehörigengespräche je Arbeitstag	1,37	13,42	1,41	14,78
Verfassen von Arztbriefen je Arbeitstag	1,25	12,24	1,13	11,84
Administrative Tätigkeiten je Arbeitstag	2,16	21,16	2,1	22,01
Literaturstudium je Arbeitstag	0,6	5,88	0,34	3,56
Forschungsarbeiten je Arbeitstag	0,49	4,80	0,23	2,41
Gesamt	10,21	100	9,54	100

Tab. 1: Verteilung ärztlicher Arbeitszeiten auf Tätigkeiten[36]

Überraschend bei diesem Ergebnis ist, dass die oft bemängelte Zunahme der administrativen Tätigkeiten sich hier nicht widerspiegelt, im Gegenteil vom Jahr 2004 zum Jahr 2005/2006 sogar leicht abgenommen hat. Zählt man allerdings Punkt zwei bis vier (Patienten-/Angehörigengespräche, Verfassen von Arztbriefen und Administrative Tätigkeiten) zusammen zu **nur mittelbar patientenbezoge-**

[33] Vgl. Siegrist, M., Orlow, P., Giger, M. (2005), S. 419.
[34] Vgl. Weiterbildungsordnung (2007) § 12 und § 15.
[35] Vgl. Jonitz, G.(1999), S. A 1943.
[36] Quelle: Rosenbrock, R. (2008), Folie 19.

nen Tätigkeiten, ergibt sich, dass ein Arzt im Allgemeinen ungefähr die Hälfte seines Tages (4,78 Stunden von 10,21 Stunden in 2004 und 4,64 Stunden von 9,54 Stunden in 2005/2006) mit nur mittelbar patientenbezogenen Tätigkeiten beschäftigt ist. Zählt man nun auch das Literaturstudium und die Forschungsarbeiten zusammen, auf die insgesamt der geringste zeitliche Aufwand fällt, zeigt sich, dass dort der deutlichste Rückgang in der täglichen Arbeitszeitverwendung vorliegt (von 1,09 Stunden in 2004 zu 0,57 Stunden in 2005/2006).

Wie sieht also der ärztliche Alltag genau aus? Leider geht aus der vorliegenden Untersuchung nicht deutlich hervor, welche Ärzte in die Betrachtung einbezogen wurden. Es besteht sicherlich ein großer Unterschied im Arbeitsalltag zwischen niedergelassenen Ärzten und angestellten Ärzten in einem Krankenhaus. Dort ergeben sich dann weitere Unterschiede, dem Fachgebiet, den Zuständigkeiten und dem Arztstatus entsprechend. Hier sollen im Weiteren nun insbesondere die Aufgabenbereiche und Tätigkeiten der Assistenzärzte im Krankenhaus näher betrachtet werden.

2.3.2. Beispielhafte Tagesabläufe

2.3.2.1. Ein Tag als Assistenzarzt in der H-N-O-Klinik

In der H-N-O-Klinik im Klinikum Nürnberg gibt es verschiedene Dienstzeiten. Der normale Arbeitstag dauert von 7:30 Uhr bis 16:00 Uhr. Jeden Tag hat ein Arzt „langen Tagdienst" von 7:30 Uhr bis 20:00 Uhr und ein anderer Arzt hat Nachtdienst von 19:30 Uhr bis 8:00 Uhr am nächsten Morgen. Ein normaler **Stationsarbeitstag** eines Assistenzarztes, der sich in der Weiterbildung zum Facharzt der H-N-O-Heilkunde befindet, könnte wie folgt aussehen:

Um **7:35 Uhr** treffen sich alle anwesenden Ärzte der H-N-O-Klinik, fertig umgezogen, zur Übergabe mit dem Nachtdienst in einem Besprechungsraum. Der Nachtdienstarzt berichtet von für die anderen relevanten Ereignissen und Neuaufnahmen der vergangenen Nacht. Da alle Kollegen, inklusive des Chefarztes, anwesend sind, besteht anschließend noch die Möglichkeit für weitere Absprachen oder allgemeine Mitteilungen.

Ca. gegen **8:00 Uhr** gehen alle auf die ihnen zugeteilte Station bzw. in den Operationssaal (Op). Normalerweise sind zwei Assistenzärzte und ein Oberarzt für eine Station eingeteilt, wobei der Oberarzt die meiste Zeit Patienten operiert und somit größtenteils für den regulären Stationsablauf nur begrenzt zur Verfügung steht. Als erstes werden die Patienten im Untersuchungszimmer untersucht, die an diesem Tag entlassen werden sollen. Nach der Abschlussuntersuchung muss für die Entlassung ein Kurzarztbrief für den weiterbehandelnden H-N-O-Arzt geschrieben werden, der ausführlichere Brief wird später nachgeschickt. Danach werden die Patienten untersucht, die entweder am Vortag eine Operation (OP) hatten oder im Laufe des Tages eventuell eine haben werden. Der Assistenzarzt entscheidet nach der Untersuchung, ob die Patienten wieder essen dürfen und welche Medikamente, in welcher Dosierung sie bekommen. Sollte eine anstehende OP noch fraglich sein, muss zur Rücksprache und zur Befundkontrolle der Oberarzt dazu gerufen werden. Die regulär für diesen Tag geplanten OP-Patienten werden nicht erneut untersucht, da sie bereits am Vortag vorbereitet wurden.

Ab ca. **8:30 Uhr** findet die Visite für alle Patienten statt. Die meisten Patienten der H-N-O-Klinik können aufstehen und kommen zur anschließenden Untersuchung ins Untersuchungszimmer. Die Stationskrankenschwestern regeln den Ablauf. Alle werden untersucht, wenn nötig wird Blut abgenommen, Verbände gewechselt, eingetroffene Befunde kontrolliert und weitere notwendige Untersuchungen vorbereitet. Des Weiteren entscheidet der Assistenzarzt, ob von den Patienten Röntgenbilder angefertigt werden müssen, es notwendig ist sie in einer anderen Fachabteilung konsilarisch vorzustellen und über die Medikation. Wird der Patient an diesem Tag operiert, muss sichergestellt werden, dass er über alle Risiken aufgeklärt ist und dass er keine Fragen mehr hat. Die Visite stellt einen günstigen Zeitpunkt dar für Gespräche mit dem Patienten über den bisherigen Krankheitsverlauf und das geplante weitere Vorgehen. Nachdem der Assistenzarzt alle Patienten auf seiner Station untersucht hat, kann es sein, dass zu dem einen oder anderen noch Rücksprache mit dem Oberarzt gehalten werden muss. Dieser wird darüber informiert und kommt zur Unterstützung auf die Station sobald es ihm möglich ist.

Ungefähr gegen **11:30 Uhr** ist die Visite beendet und es müssen nun Arztbriefe diktiert, Befunde kontrolliert sowie weitere diverse administrative Schreibarbeiten erledigt werden. Zwischendurch erhält der Assistenzarzt die ersten Ergebnisse der Untersuchungsanforderungen des Vormittags. Diese müssen überprüft, bewertet und gegebenenfalls die bisherige Behandlung an die neuen Ergebnisse angepasst werden. Erfordern neu gewonnene Erkenntnisse einen operativen Eingriff, erfolgt die Vorbereitung nach oberärztlicher Rücksprache. Sind Patienten bereits wieder nach Hause entlassen worden, ohne ein für das weitere Procedere relevantes Untersuchungsergebnis z.B. die Histologie abzuwarten, müssen diese Patienten angerufen werden sobald die Ergebnisse vorliegen. Es wird dann ein Termin zur Besprechung dieser Befunde im Klinikum mit ihnen vereinbart.

Von **11:30 Uhr** bis **13:30 Uhr** gibt es in der Kantine Mittagessen. Allerdings gelingt es dem Assistenzarzt nicht immer in diesem Zeitraum dort eine halbe Stunde Mittagspause zu machen. Oft kommen Patientengespräche, Anrufe, Notfälle oder Operationen dazwischen.

Nachmittags müssen meist weitere Arztbriefe diktiert und die Akten der über die Ambulanz neu aufgenommenen Patienten durchgesehen werden. Bei Patienten, die am folgenden Tag operiert werden sollen, muss kontrolliert werden, ob die Blutwerte in Ordnung sind, alle notwendigen Untersuchungen durchgeführt wurden, die Narkosefähigkeit gegeben ist, die Aufklärungsunterlagen vollständig und unterschrieben sind und das die Oberarztvorstellung stattgefunden hat.

Spätestens um **15:00 Uhr** muss der zuständige Oberarzt erneut benachrichtigt werden, falls es immer noch Patienten gibt, die eine Oberarztvorstellung benötigen. Der Assistenzarzt besucht nun alle Patienten, die er selbst am folgenden Tag operieren wird. Dies ist sehr wichtig, um letzte Fragen zu klären, eine eindeutige Patientenidentifikation durchzuführen und den Befund, die Indikation und die Vollständigkeit der Patientenakte zu überprüfen. Es soll neben den notwendigen Rückversicherungen auch dem Patienten ein sicheres Gefühl geben.

Um **15:45 Uhr** findet die Übergabe mit allen Kollegen, jedoch ohne den Chefarzt, statt. Alle berichten dem Kollegen, der den „langen Tagdienst“ hat, ob noch wichtige Fälle behandelt werden müssen, wie z.B. von der Ambulanz angekündigte Notfälle, problematische Fälle auf den verschiedenen Stationen, Bluttransfusionen, Operationen oder ähnliches.

Ab **16:00 Uhr** ist der reguläre Arbeitstag beendet. Ist jedoch durch Notfälle, Operationen oder sonstige unvorhergesehene Zwischenfälle Stationsarbeit liegen geblieben, muss diese noch erledigt werden. Kein Tag ist wie der andere, denn zwischendurch wird der eigentlich fest auf einer Station eingeteilte Assistenzarzt entweder zur Durchführung oder zum Assistieren bei einer Operation in den Op gerufen, muss er ein zusätzliches Ultraschallbild anfertigen, bei Engpässen in der Ambulanz aushelfen, die eigenen Operationsberichte diktieren, geschriebene Arztbriefe kontrollieren und unterschreiben, Anrufe tätigen, Patienten- und Angehörigengespräche führen oder ähnliches mehr.[37]

In der H-N-O-Klinik im Klinikum Nürnberg, ist man als Assistenzarzt entweder wie beschrieben auf einer Station oder in der Ambulanz eingeteilt. Auf den Tagesablauf in der Ambulanz wird genauer in Kapitel 5.3. eingegangen.

2.3.2.2. Ein Tag als Assistenzarzt in der Allgemeinen Chirurgie

Auch in der Klinik für Allgemeine Chirurgie im Klinikum Nürnberg gibt es verschiedene Dienstzeiten. Den normalen Tagdienst von 7:00 Uhr bis 16:00 Uhr, den Langen Saaldienst von 07:00 Uhr bis 17:45 Uhr, den Zwischendienst von 12:00 Uhr bis 20:30 Uhr und den Nachtdienst von 20:00 Uhr bis 8:45 Uhr am nächsten Morgen. Der reguläre Arbeitstag bezieht sich auf den normalen Tagdienst. Langen Saaldienst, Zwischendienst und Nachtdienst haben immer drei Arztkollegen zusammen. Beim Langen Saaldienst kommt noch ein Oberarzt dazu, damit durch die ständige Anwesenheit eines Facharztes durchgängig zwei Operationssäle belegt werden können. Die diensthabende Dreiergruppe teilt sich in Ersten, Zweiten und Dritten Dienst auf. Ersten Dienst hat immer ein Facharzt, Zweiten Dienst ein erfahrener Assistenzarzt und Dritten Dienst ein noch relativ neuer Assistenzarzt.

[37] Dieser Abschnitt entstand in enger Zusammenarbeit mit einem Assistenzarzt der H-N-O-Klinik und durch eigene Erfahrungen und Beobachtungen während meiner Hospitationswoche in dieser Klinik.

Dadurch sind die Zuständigkeiten klar definiert. Normalerweise sind, je nach Größe der Station, drei oder vier Ärzte einer Station zugeteilt, wovon immer ein Facharzt als Stationsarzt die Leitung dieser übernimmt. Da die Hauptarbeit eines Chirurgen allerdings im Op stattfindet, sind eigentlich nie alle gleichzeitig auf der Station und es passiert durch unterschiedliche Dienstzeiten, Urlaube und freie Tage ganz schnell, dass einer alleine die Stationsarbeit bewältigen muss oder auch für eine Weile kein Arzt auf den Stationen erreichbar ist. Es folgt nun ein beispielhafter **Stationsarbeitstag** (Tagdienst) eines Assistenzarztes, der sich in der Weiterbildung zum Allgemeinchirurgen befindet.

Gegen **6:45 Uhr** trifft der Assistenzarzt auf seiner Station ein, zieht sich um und wirft einen ersten Blick in den Computer, um zu erfahren ob es über Nacht Zugänge oder Verlegungen auf seiner Station gegeben hat. Anschließend bereitet er sich auf die Visite vor, druckt die Visitenliste und checkt, ob sich der OP-Plan für den aktuellen Tag geändert hat. Über die eventuell neu zugegangenen Patienten muss er sich schnell einen ersten Überblick verschaffen, damit er zumindest über den Aufnahmegrund Bescheid weiß.

Um **7:10 Uhr** beginnt die Visite. Da in der Chirurgie die meisten Patienten ihr Bett nicht verlassen können, gehen die Ärzte und Schwestern von Zimmer zu Zimmer und sehen sich die Patienten und ihre Patientenakte an. Es ist nicht viel Zeit für den einzelnen Patienten vorgesehen, schnelle Entscheidungen sind notwendig: Heilt die Wunde gut? Müssen weitere Untersuchungen eingeleitet werden? Sind weitere Befunde notwendig? Muss die Medikation angepasst werden? Sind die Drainagen okay? Muss ein Konsil eingeholt werden? Ausführlichere Gespräche und Untersuchungen müssen auf später am Tag verschoben werden.

Um **7:45 Uhr** treffen sich alle anwesenden Ärzte der Allgemeinen Chirurgie zur Frühbesprechung. Der Nachtdienst berichtet von Neuzugängen, durchgeführten Operationen und besonderen Ereignissen der vergangenen Nacht. Anschließend werden aktuelle Probleme auf den einzelnen Stationen angesprochen. Da alle versammelt sind, ist dies außerdem eine gute Gelegenheit allgemeine Informationen oder Ankündigungen weiterzugeben.

Gegen **8:00 Uhr** gehen alle entweder auf ihre Station oder direkt in den Op. Auf Station nimmt der Assistenzarzt den Patienten Blut ab, füllt alle benötigten Behandlungsscheine aus, wie z.B. Röntgenscheine, Sozialdienstbescheinigungen, Verschreibung von Physiotherapie und trifft Absprachen mit den Stationsschwestern. Die Arztbriefe für die Patienten, die an diesem Tag entlassen werden, sollten schon am Vortag geschrieben worden sein, ansonsten wird dies als erstes erledigt. Wichtig ist auch hier die Kommunikation und Rücksprache mit dem Stationsoberarzt über Veränderungen und Vorgänge auf der Station.

Im Laufe des Tages muss eigentlich jeder Arzt irgendwann in den Op, entweder um eine Operation selbst durchzuführen oder bei einer zu assistieren. Die Dauer der Operationen ist dabei ganz unterschiedlich. Sie kann von 30 Minuten bis zu acht Stunden dauern, je nach Art und Komplexität des Eingriffs. Die Assistenzärzte übernehmen zusätzlich verschiedene Sonderaufgaben, wie z.B. die Verbandswechsel auf der Intensivstation, die Endosonographie, die Organisation der Chefsprechstunde und das Zentrale Patientenmanagement (ZPM). Zwischen den Operationen gehen sie immer wieder zurück auf ihre Station. Zu der regulären Stationsarbeit gehört außerdem noch das Unterschreiben der Arztbriefe sowie Gespräche mit den Patienten und deren Angehörigen und Telefonate zu führen. Es werden auch Patienten aus anderen Fachbereichen vorgestellt, bei denen ein konsilarischer Rat eingeholt werden soll. Ergibt sich hierbei eine OP-Indikation, muss der Patient die Operation erläutert bekommen und über alle Risiken aufgeklärt werden. Die Wunden der Patienten der Station müssen fachgerecht versorgt, außerdem Zugänge gelegt und Drainagen gezogen werden. Zeit für feste Pausen gibt es nicht, gegessen wird zwischendurch, wenn sich eine Möglichkeit ergibt. Im Laufe des Tages treffen die Ergebnisse der angeforderten Untersuchungen auf der jeweiligen Station ein. Diese müssen von dem Assistenzarzt durchgesehen und die Medikation bzw. die Therapie des betreffenden Patienten angepasst werden. Auf dem OP-Plan für den folgenden Tag werden alle wichtigen Informationen für die jeweilige Station markiert: Werden Patienten dieser Station operiert? Bei welchen OPs ist ein Arzt dieser Station beteiligt? Welche Sonderfunktionen werden von Ärzten dieser Station übernommen? Die Patienten, die der Assistenzarzt am folgenden Tag operieren wird, besucht er noch einmal, um eventuelle Fragen zu klären und nachzusehen, ob sie gut auf die Operation vorbereitet sind. Er kümmert sich auch um die Patienten, die er selbst operiert hat und die nicht auf seiner Station liegen, um deren Heilungsverlauf zu beobachten.

Gegen **14:15 Uhr** findet eine zweite Visite statt. Meistens liegen dann schon neue Untersuchungsergebnisse des Tages vor und es werden die aktualisierten Heilungsverläufe der Patienten besprochen. Daher spricht man hier von einer Kurvenvisite. Die gesamte Station wird noch einmal mit den Ärzten und Schwestern durchgesprochen und sich ergebende Aktivitäten festgelegt.

Um **15:00 Uhr** findet die gemeinsame Röntgen- und Indikationsbesprechung statt. Es versammeln sich wieder alle anwesenden Ärzte, die nicht im Op sind, um sich gemeinsam die angeforderten Röntgen- und CT-Bilder des Tages anzusehen und über die weitere Therapie zu entscheiden. Danach werden die Operationen des folgenden Tages besprochen und die Patienten von einem Assistenzarzt der Station vorgestellt. Diese Vorstellung muss vorher von ihm, mit Hilfe der Patientenakte, vorbereitet werden. Anschließend werden auch kurz die bereits durchgeführten Operationen des Tages durchgegangen, um eventuell aufgetretene Besonderheiten an die nun diensthabenden Kollegen weiterzugeben.

Gegen **16:00 Uhr** kommt der Assistenzarzt normalerweise wieder auf die Station. Dienstags ist allerdings im Wechsel noch Fortbildung oder die Mortality und Morbidity Konferenz (M&M-Konferenz), in der Fälle vorgestellt werden, bei denen Komplikationen aufgetreten sind. Alle sollen daraus etwas lernen, um solche Komplikationen und Fehler in Zukunft zu vermeiden. Mittwochs findet anschließend ein lungenspezifisches Tumorboard statt, sowie donnerstags ein Darmtumorboard. Dort treffen sich Ärzte aus verschiedenen Fachbereichen, vor allem aber aus der Radiologie, der Onkologie, der Strahlentherapie und der Pathologie, um gemeinsam über mögliche Behandlungsmethoden bei Krebspatienten zu sprechen. Die dazu benötigten Patientenvorstellungen werden ebenfalls von den Assistenzärzten vorbereitet. An diesen Tagen wird es leicht 16:45 Uhr oder später, bis die Ärzte wieder auf ihre Stationen zurückkommen. Wie viel auf Station noch zu tun ist, hängt ganz davon ab, wie der Tag verlaufen ist und ob mindestens ein Arzt die ganze Zeit über auf Station sein konnte. Notfälle, Operationen und Neuaufnahmen machen den Tagesablauf unberechenbar und unvorhersehbar. Es muss zumindest all das noch erledigt werden, was für den folgenden Tag benötigt wird. Schwierige Patientengespräche können oft erst jetzt geführt werden, da der offizielle Dienst beendet ist und somit etwas mehr Ruhe herrscht. Ganz wichtig ist auch, dass eine Übergabe zwischen den Ärzten der Stationen sichergestellt ist. Dies kann z.B. über eine Visitenliste für den folgenden Tag erfolgen. Dort kann man bei jedem Patienten Anmerkungen für die Kollegen hinterlassen.[38]

In der Klinik für Allgemeine Chirurgie im Klinikum Nürnberg ist man als Assistenzarzt ebenfalls entweder auf einer Station oder in der Ambulanz eingeteilt. Auf den Tagesablauf in der Ambulanz wird genauer in Kapitel 5.3. eingegangen.

[38] Dieser Abschnitt entstand in enger Zusammenarbeit mit einem Assistenzarzt der Klinik für Allgemeine Chirurgie und durch eigene Erfahrungen und Beobachtungen.

3. Die Krankenhausfinanzierung in Deutschland

3.1. Historischer Abriss der Krankenhausfinanzierung

Mit der Entstehung der Krankenkassen gegen Ende des 19. Jahrhunderts änderte sich die bis dahin rein durch ihre Träger getragene Krankenhausfinanzierung. Es ergab sich eine Zweiteilung, bei der die Träger die Investitionskosten trugen und die Krankenkassen durch Pflegesätze für die Betriebskosten aufkommen sollten. Diese Rechtsbeziehung zwischen Krankenkassen und Krankenhäusern blieb zunächst frei von staatlichen Eingriffen. Dies änderte sich durch die 1936 eingeführte **Preisstoppverordnung**, die Preiserhöhungen, unter anderem auch für Krankenhausleistungen, untersagte. Diese staatliche Preisbindung fand sich auch in der Bundespflegesatzverordnung (BPflV) von 1954 und der Krankenhausfinanzierung der damaligen Deutschen Demokratischen Republik (DDR) wieder. In der Bundesrepublik überdauerte sie bis 1972, in der DDR bis zur deutschen Wiedervereinigung 1990.[39]

Ein erster großer Versuch einer Neuordnung des Gesundheitssystems wurde mit dem **Krankenversicherungs-Neuregelungsgesetz** von 1959/60 vom damaligen Bundesarbeitsminister Theodor Blank unternommen. Es enthielt neben einer vage formulierten dualen Finanzierung der Krankenhäuser Neuerungen wie die Selbstbeteiligung der Patienten, die Beschränkung des Versichertenkreises durch die Herabsetzung der Versicherungsgrenze und die Durchbrechung des ambulanten Behandlungsmonopols der niedergelassenen Ärzte.[40] Allerdings wurde dieser Gesetzentwurf von der damaligen Regierung abgelehnt und die versorgungsmäßig und finanziell defizitäre Situation der Krankenhäuser nicht verbessert.[41]

Zunehmende Defizite und dadurch auftretende Versorgungsmängel ebneten den Weg für das **Gesetz zur wirtschaftlichen Sicherung der Krankenhäuser und zur Regelung der Krankenhauspflegesätze** (Krankenhausfinanzierungsgesetz KHG 1972). Bis dahin bestand keinerlei gesetzliche Verpflichtung des Staates zur

---

[39] Vgl. Meyer, M. (2001), S. 1365.
[40] Vgl. Buchholz, G. (1987), S. 3.
[41] Vgl. Buchholz, G. (1987), S. 4.

stationären Versorgung der Bevölkerung.[42] Das KHG führte die duale Finanzierung in der Form ein, dass die Investitionskosten der Krankenhäuser von Bund und Bundesländern übernommen wurden und die Betriebskosten von den Patienten bzw. deren Krankenkassen und anderen Sozialversicherungsträgern. Zusätzlich zu der Investitionsfinanzierung erhielten die Bundesländer weitreichende Planungskompetenz. Sie erstellten fortan Krankenhausbedarfspläne auf deren Grundlage Programme zur Durchführung des Krankenhausbaus und dessen Finanzierung angefertigt wurden. Ergänzend zum KHG 1972 erfolgte auch die Neufassung der BPflV. Diese schrieb nun individuelle Verhandlungen zwischen Krankenhäusern und Krankenkassen zur Ermittlung der Pflegesatzhöhe vor. Zusätzlich forderte sie erstmals die Verwendung der **kaufmännischen Buchführung** sowie eine auf **Vollkosten basierte Betriebsabrechnung**.[43] Ziele des KHG von 1972 waren: Beseitigung der Unterfinanzierung durch Inpflichtnahme des Staates und eine Rationalisierung des Krankenhausbetriebs mit sozial tragbaren, kostendeckenden Pflegesätzen.[44] Dies sollte zu einer besseren wirtschaftlichen Sicherung der Krankenhäuser und einer qualitativ hohen sowie gesicherten Versorgung der Bevölkerung führen.[45]

Die Beibehaltung des Pflegesatzes als Vergütungseinheit für Betriebskosten, das Prinzip der dualen Finanzierung und die Kostendeckungsgarantie begünstigten jedoch eine wenig sparsame Mittelverwendung. Die volle Betriebskostendeckung war leicht durch eine, über das medizinisch-pflegerisch notwendige Maß hinaus, **verlängerte Verweildauer** der Patienten zu erreichen. Denn entlassungsfähige Patienten verursachten geringere tägliche Betriebskosten als für sie im Pflegesatz vergütet wurde. Die Verweildauerverlängerung hatte für Krankenhäuser zudem den positiven Effekt durch eine hohe Krankenhausbelegungsrate höhere Investitionsmittel zugeteilt zu bekommen.[46] Betriebliche Rationalisierungspotenziale auszuschöpfen war in diesem System unnötig und aus Sicht der Krankenhäuser zudem unerwünscht. Bund und Länder konnten durch den steigenden Bedarf schon bald ihren Förderungspflichten nicht mehr nachkommen und es baute sich ein so

[42] Vgl. Buchholz, G. (1987), S. 1.
[43] Vgl. Meyer, M. (2001), S. 1366.
[44] Vgl. Buchholz, G. (1987), S. 6.
[45] Vgl. Deutsche Krankenhausgesellschaft (2008).
[46] Vgl. Meyer, M. (2001), S. 1366 und 1367.

genannter **Investitionsstau** auf.[47] Auch der Beseitigung der regionalen Ungleichverteilung des Angebots an Krankenhausleistungen waren durch fehlende Bundeskompetenz Grenzen gesetzt.[48] Diese zunehmenden Schwierigkeiten und der fortwährende Anstieg der Kosten pro Behandlungsfall erforderten schon bald eine erneute Änderung der Krankenhausfinanzierung.

1984 schaffte das **Gesetz zur Neuordnung der Krankenhausfinanzierung** (KHNG) zusammen mit der BPflV von 1985 eine neue Ausgangssituation. Der Bund zog sich völlig aus der Investitionsfinanzierung zurück und für die Finanzierung von Rationalisierungsinvestitionen konnten nun auch Krankenkassen herangezogen werden. Um sowohl die duale Finanzierung als auch die bisherige Kostendeckungsgarantie etwas abzuschwächen, mussten die Krankenhäuser jetzt ein prospektives Jahresbudget der Betriebskosten kalkulieren und mit den Krankenkassen vereinbaren. Das Budget wurde für eine erwartete Belegung und unter den Prämissen einer leistungsfähigen und sparsamen Betriebsführung erstellt.[49] Das Krankenhaus wurde erstmals als Unternehmung aufgefasst. Es fand eine Orientierung an privatwirtschaftlichen Unternehmen mit einer gewinnorientierten Leitung statt.[50] Die von den Kassen zu zahlenden Pflegesätze erhielt man, indem man das prospektive Budget durch die zu erwartenden Pflegetage dividierte. So bekamen sie den Charakter einer Abschlagszahlung. Krankenhäusern war es erstmals möglich, Gewinne zu realisieren bzw. waren sie nun auch verpflichtet, für eventuelle Verluste selbst aufzukommen. Von erwirtschafteten Überschüssen mussten 75% an die Krankenkassen zurückgezahlt werden, bei einer Unterdeckung des Budgets wurden dem Krankenhaus nur 75% der entstandenen Differenz von den Kassen nachbezahlt. So sollte die Verweildauermanipulation unattraktiv gemacht werden. Außerhalb des Budgets gab es auch erste fallorientierte Vergütungen für spezielle Eingriffe sowie besondere Pflegesätze für einzelne Abteilungen und besondere Einrichtungen.[51] Doch auch diese Änderungen konnten die prekäre finanzielle Lage der Krankenhäuser nicht wesentlich verbessern.

---

47 Vgl. Möcks, G. (2003), S. 3 und 4.
48 Vgl. Buchholz, G. (1987), S. 9.
49 Vgl. Meyer, M. (2001), S. 1367.
50 Vgl. Buchholz, G. (1987), S. 14.
51 Vgl. Meyer, M. (2001), S. 1368.

Daher fand mit dem **Gesetz zur Sicherung und Strukturverbesserung der gesetzlichen Krankenversicherung** (Gesundheitsstrukturgesetz GSG) von 1992 ein grundsätzlicher Wandel der bisherigen Finanzierungsprinzipien statt. Im Vordergrund stand dabei, den Krankenkassen wieder zu Beitragssatzstabilität zu verhelfen. Die einschneidenste Maßnahme war die Koppelung der Krankenhausbudgets an die Beitragsentwicklung der Krankenkassen.[52] Mehr- oder Mindererlöse wurden in deutlich geringerem Umfang ausgeglichen. Auch die außerhalb des Budgets mit den Krankenkassen vereinbarten besonderen Pflegesätze, Sonderentgelte und Fallpauschalen, durften prozentual nicht stärker steigen als die Krankenkasseneinnahmen. Somit wurde das zugrunde liegende Kostendeckungsprinzip durch ein leistungsorientiertes Vergütungssystem abgelöst.[53] Mit dem GSG eröffnete sich allerdings ein neuer Leistungsbereich für die Krankenhäuser. Patienten konnten dort nun ambulant behandelt und operiert werden. Diese Maßnahmen zielten auf eine Verringerung der Pflegekosten ab. Die jeweiligen Vergütungen waren außerhalb des Budgets auf Landesebene (vor- und nachstationäre Behandlungen) bzw. auf Bundesebene (ambulantes Operieren) einheitlich zu vereinbaren. Insgesamt folgte das GSG noch dem Prinzip der dualen Finanzierung. Krankenhäuser und Krankenkassen waren allerdings verpflichtet Rationalisierungsinvestitionen über einen Zuschlag zum Pflegesatz zu finanzieren, wenn die Investitions- und Finanzierungskosten in höchstens fünf Jahren gedeckt waren und danach das Budget entlastet wurde.[54] Zusätzlich wurde das Prinzip der dualen Finanzierung dadurch aufgeweicht, dass gemeinsame Investitionsfinanzierungen durch Bundesländer und Krankenhausträger zugelassen wurden.[55]

Seit dem **2. GKV-Neuordnungsgesetz von 1997** finanzierten die Krankenkassen auch die Kosten der Instandhaltung von Anlagegütern. Die Finanzierung von Neu- und Ersatzinvestitionen erfolgte bei öffentlich-rechtlich betriebenen Krankenhäusern aus Mitteln der Bundesländer und der Träger und bei privatwirtschaft-

[52] Vgl. Meyer, M. (2001), S. 1368 und 1369.
[53] Vgl. Deutsche Krankenhausgesellschaft (2008).
[54] Vgl. Meyer, M. (2001), S. 1369.
[55] Vgl. Meyer, M. (2001), S. 1370.

lich betriebenen Krankenhäusern aus Mitteln der Träger und des Kapitalmarktes.[56]

Dieses Finanzierungsmischsystem wurde durch das **Gesundheitsreformgesetz 2000** (Gesetz zur Modernisierung der gesetzlichen Krankenversicherung oder auch GKV-Modernisierungsgesetz) im somatischen Bereich vollständig durch ein einheitliches Preissystem ersetzt. Zudem wurden die Aufgaben und Kompetenzen der Selbstverwaltung im stationären Bereich erheblich erweitert.[57] Erklärter Vorsatz war ein System bestehend aus krankheitsarten-spezifischen Fallpauschalen, die von den Krankenkassen zu zahlen sind. Sie sind so zu dimensionieren, dass mit ihrer Hilfe auch die Investitionskosten von Anlagegütern und die Instandhaltungskosten gedeckt werden können. Mit einer vollständigen Umsetzung würde die Krankenhausfinanzierung nur noch aus einer Hand erfolgen.[58] Die Erstellung von Gebäuden und der Ersatz der Medizintechnischen Geräte sollte weiterhin durch die Länder finanziert werden.

Die Fallpauschalen, auch **Diagnosis Related Groups (DRG)** genannt, gibt es schon seit über 20 Jahren. Sie wurden 1975 in den USA an der Yale-Universität von Prof. Robert B. Fetter entwickelt. Inzwischen sind eine ganze Reihe unterschiedlicher Fallpauschalensysteme weltweit im Einsatz. Als Grundlage des deutschen DRG-Systems diente das australische AR-DRG-System. Das deutsche System wurde nach Analyse bundesdeutscher Daten gebildet und die Struktur ist bundesweit einheitlich.[59] Dabei ist die Kodierung (Zuteilung der Patienten zu den verschiedenen Fallgruppen) von Diagnosen und Leistungen Grundvoraussetzung für die Zuordnung des einzelnen Patienten zu einer DRG-Fallpauschale, für die das Krankenhaus ein landesweit einheitliches Entgelt vergütet bekommt.[60] Mit der Aufnahme des Optionsmodells, das den Kliniken im Jahr 2003 zunächst den freiwilligen Einstieg in das neue Vergütungssystem ermöglichte, wurde die Umstellung auf ein deutsches Fallpauschalensystem vorbereitet.[61] Wesentliches Ziel der

56 Vgl. Meyer, M. (2001), S. 1370.
57 Vgl. Deutsche Krankenhausgesellschaft (2008).
58 Vgl. Meyer, M. (2001), S. 1370 und 1371.
59 Vgl. Roeder, N., Müller, M. (2007).
60 Vgl. Riedmayer, J., Schraml, A., Stenzel, J. (2002), S. 488.
61 Vgl. Deutsche Krankenhausgesellschaft (2008).

DRG-Einführung ist die Etablierung eines leistungsorientierten Entgeltsystems, das die Wirtschaftlichkeit, Transparenz und Qualität im Krankenhausbereich fördert.[62] Durch eine konsequente Fallpauschalen-Finanzierung werden deutliche Anreize zur Spezialisierung und Kooperation sowie zu sparsamem Ressourceneinsatz, verbunden mit erheblichen Einsparungen, gesetzt. Einer Ausweitung der Fallzahlen und Absenkung der Versorgungsqualität, um Kosten zu sparen, sowie einer Ausweitung der Indikation wird versucht mit einer Budgetdeckelung entgegen zu gehen.[63] Zusätzlich sind wirksame Maßnahmen der Qualitäts- und Indikationsüberwachung erforderlich.

3.2. Auswirkungen der Einführung des aktuellen DRG-Abrechnungssystems in Bezug auf die ärztliche Weiterbildung

3.2.1. Allgemeine Änderungen für die Krankenhäuser

Wie schon im vorhergehenden Kapitel dargestellt, befinden sich deutsche Krankenhäuser seit Jahren in einem Prozess tief greifender Veränderungen. Mit der Einführung des DRG-Systems wird das seit 1972 geltende Selbstkostendeckungsprinzip endgültig abgelöst. Seit dem Beginn der Budgetierung der Krankenhauskosten 1997 besteht für Krankenhäuser ein kontinuierlicher ökonomischer Anpassungsdruck.[64] Das fallpauschalierte Entgeltsystem erhöht diesen Druck, zumal die Gesamtausgaben nach wie vor gedeckelt sind. Der **landesweit einheitliche Basisfallwert** ergibt sich durch Annäherung von hohen und geringen Basisfallwerten der verschiedenen, an der DRG-Vergütung teilnehmenden Krankenhäuser seit 2004. Ab dem 01.01.2009 mit Ende der Konvergenzphase, stellt dieser für selbige gleichermaßen die Kalkulationsgrundlage der DRGs dar.[65] Dieses einheitliche Preissystem schafft Anreize für die Krankenhäuser mit ihren Kosten möglichst unter dem ermittelten Wert zu liegen, um die Gewinnschwelle erreichen zu können. Wie man in Abbildung 1 erkennen kann, führt diese Annäherung zu einem

---

[62] Vgl. Rau, F. (2002), S. 498.
[63] Vgl. Meyer, M. (2001), S. 1371.
[64] Vgl. Buhr, P., Klinke, S. (2006), S. 8.
[65] Vgl. Flintrop, J. (2006).

einheitlichen, durchschnittlichen Landesbasisfallwert. Vor allem für Krankenhäuser mit bisher hohem Wert birgt dies große finanzielle Einschränkungen.[66]

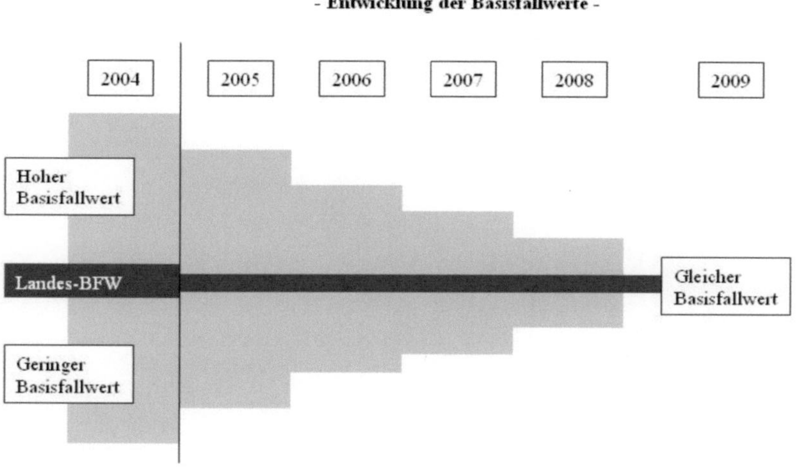

Abb. 1: Entwicklung der Basisfallwerte[67]

Als Entgeltsystem wirken in einem DRG-System **diagnosebezogene Fallpauschalen**, die, ebenfalls als Durchschnittswert, alle notwendigen Kosten der Behandlung decken sollen. Patienten werden je nach Diagnose, Prozedur und Schweregrad in kostenhomogene Fallgruppen eingeordnet. Hierfür erhält das Krankenhaus nicht mehr tagesgleiche Pflegesätze, sondern eine pauschale Vergütung, unabhängig von der Liegedauer und dem tatsächlichen Aufwand. Historisch gewachsene Krankenhausbudgets haben zu einer unterschiedlich hohen Vergütung gleichartiger Leistungen geführt, dies wird unter DRG-Bedingungen anders. Es gilt der Grundsatz: „Gleiches Geld für gleiche Leistung!".[68] Allerdings gibt es bei der **Verweildauer** zusätzlich einen mittleren Bereich, begrenzt durch die so genannte untere und obere Verweildauer, den es einzuhalten gilt. Wird ein Patient früher entlassen, bekommt das Krankenhaus einen Abschlag für diesen „Kurzlie-

66 Gespräch mit Dr. Alfred Estelmann, Vorstand des Klinikums Nürnberg am 11.12.2007.
67 Quelle: Eigene Darstellung in Anlehnung an Alberty, J. (2005), Folie 4.
68 Kraus, W. (2001), S. 41.

ger“ von der DRG abgezogen. Muss ein Patient länger als es die mittlere Verweildauerspanne vorsieht stationär bleiben, bekommt das Krankenhaus diese Zeit ebenfalls nicht voll vergütet. Erst ab Überschreiten der oberen Grenzverweildauer erhält es für „Langlieger“ einen Zuschlag (s. Abb. 2).

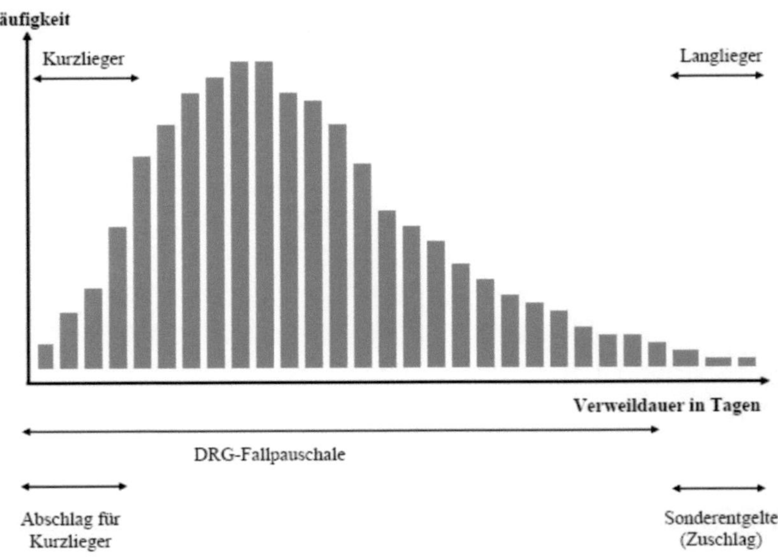

Abb. 2: Schema über die Verweildauer und die Erlöse von Patienten einer DRG[69]

Mit der Einführung der DRGs wurden vom Gesetzgeber eine Reihe konkreter Erwartungen verknüpft. Als vorrangiges Ziel wird die Kostenreduktion bei gleich bleibender oder sogar steigender Versorgungsqualität genannt. Überflüssige Leistungen sollen abgeschafft und benötigte effizienter erbracht werden. Dabei soll auch die Transparenz der einzelnen Krankenhausleistungen gesteigert werden. DRGs fokussieren in ihrer Darstellungsweise auf den Krankenhausfall als Ganzes. Sie sollen eine gemeinsame Ausgangsbasis für Mediziner und Ökonomen sein

---

[69] Quelle: Eigene Darstellung in Anlehnung an Statistisches Bundesamt (2006a), S. 15 und an Schilz, P., Schmidt, M. (2002), S. 4 und 7.

und so vorhandene Kommunikationsbarrieren abbauen.[70] Diese verschiedenen Zielsetzungen sollen vor allem erreicht werden durch:

- Verringerung der Bettenanzahl,
- Verkürzung der durchschnittlichen Verweildauer,
- Verbesserung der Arbeitsorganisation,
- erhöhte Transparenz der Leistungserbringung durch bessere Dokumentation der Behandlungsabläufe,
- Qualitätswettbewerb der Krankenhäuser untereinander.[71]

Wie sich diese Forderungen im Einzelnen auswirken, hängt stark von den gegebenen Rahmenbedingungen der Krankenhäuser ab. Besonders der Versorgungsauftrag, die Budgetsituation, die Trägerschaft, die Größe und vorhandene Strukturen beeinflussen die konkreten Folgen der Anpassung an die veränderten finanziellen Rahmenbedingungen. Hier sei daher kurz auf ein paar allgemeine Beispiele verwiesen. Allgemein lässt sich feststellen, dass die Verweildauern tatsächlich zurückgegangen sind. Des Weiteren gibt es eine starke Tendenz aus einem längeren Aufenthalt mit unterschiedlichen Eingriffen, mehrere kurze zu machen, um somit verschiedene DRGs abrechnen zu können. Es finden auch vermehrt Patientenselektionen statt, denn auf Dauer können Krankenhäuser es sich nicht leisten Fälle zu behandeln, die negative Deckungsbeiträge einbringen.[72]

Auch hinsichtlich der ärztlichen Weiterbildung sind Änderungen zu beobachten. So ist in vielen Krankenhäusern der Anteil der Assistenzärzte zu Gunsten von Fachärzten reduziert worden, um die Effektivität des Gesamtteams zu erhöhen. Die Weiterbildung gilt als zu kostenintensiv, da aus ihr eine höhere Personalbindung resultiert[73] und so wird sie durch ablaufoptimierte Prozesse zum lästigen Nebenprodukt.[74] Im ärztlichen Alltag ist der höhere Kostendruck, auch wegen der nun besseren Vergleichbarkeit der Kosten- und Qualitätsdaten der Krankenhäuser untereinander, vor allem durch eine **stärkere Strukturierung und Spezialisie-**

70 Vgl. Lohmann, H., Bornemeier, O. (2002), S. 306.
71 Vgl. Buhr, P., Klinke, S. (2006), S. 9.
72 Vgl. Petrich, P., Strahler, D. (2008), S. 19.
73 Vgl. Roeder, N., Fiori, W., Bunzemeier, H. (2007), S. 30.
74 Vgl. Feld, M. (2005).

rung gekennzeichnet. Durch Zentrenbildung und Spezialisierungen wird es möglich Skaleneffekte[75] zu nutzen und so Kosten einzusparen.[76] Diese gewünschte Spezialisierung kann Nachteile für die ärztliche Weiterbildung haben. Statt durch alle Unterabteilungen eines Fachbereiches zu rotieren, werden auch Assistenzärzte sehr früh nur in bestimmten Bereichen eingesetzt und spezialisiert. Ein wünschenswerter umfassender Überblick über das gesamte Fachgebiet wird ihnen dadurch oft nicht mehr vermittelt.[77] Auf diese Weise sind die Assistenzärzte schneller in Spezialbereichen voll einsatzfähig und es geht weniger Zeit durch eine immer neue Einarbeitung in die verschiedenen Bereiche verloren. Das Sparen bei teurem Personal wirft auch ganz neue Ideen auf. Es gab sogar Überlegungen als 1. OP-Assistenz statt der Assistenzärzte günstiges studentisches Hilfspersonal einzusetzen. Dies hätte schwerwiegende Folgen für die ärztliche Weiterbildung, da die während der OPs stattfindende Weiterbildung und Unterweisung den Assistenzärzten die benötigte Routine für eine selbständige Operationsdurchführung bringt.[78] Dieser Vorschlag fand daher keine große Zustimmung, er zeigt allerdings deutlich auf, zu welchen Schritten Rationalisierung und Unterfinanzierung der Weiterbildung führen können.

Des Weiteren sind die Abläufe stärker als zuvor fest vorgegeben und als Behandlungspfade durchgeplant (nähere Ausführungen dazu folgen in Kapitel 3.2.2.). Durch diese Beschleunigung und Verdichtung der Arbeit bleibt weniger Zeit, um persönliche Gespräche zu führen.[79] Für die ärztliche Weiterbildung bedeutet dies, dass sie größtenteils nebenher stattfindet. Noch stärker als zuvor ist ein guter Abschluss vom persönlichen Engagement des einzelnen Assistenzarztes abhängig. Notwendige vorgeschriebene Kurse wie z.B. Röntgenkurse, Ultraschallkurse und EKG-Kurse, müssen in der Zeit nach Dienstschluss besucht werden.[80] Der Druck auf den einzelnen Arzt, gute und als solche messbare Leistungen zu erbringen, ist

---

75 Vgl. Hungenberg, H (2004), S. 189, wonach mit zunehmender Absatzmenge die Stückkosten sinken.

76 Vgl. Kaufmann, T., Schüpfer, G., Bauer, M. (2006), S. 791.

77 Vgl. Brenn, J. (2005) und geführte Gespräche mit Assistenzärzten der Allgemeinen Chirurgie während meiner Hospitationswoche in dieser Klinik.

78 Vgl. Deutscher Ärztetag (105.) am 28. bis 31.05.2002.

79 Vgl. Flintrop, J. (2006).

80 Gespräche mit Assistenzärzten der Allgemeinen Chirurgie und der H-N-O-Klinik des Klinikums Nürnberg.

gestiegen. Vor allem die, durch die Einführung von Behandlungspfaden entstandene, **prozessübergreifende Transparenz** ist der Grund dafür.[81] Untersuchungen müssen schneller ablaufen und auf für die aktuelle Versorgung entbehrliche zusätzliche diagnostische Maßnahmen wird verzichtet. Ein Assistenzarzt der Urologie hat sich dazu wie folgt geäußert: „Bei bestimmten Krankheitsbildern hätte ich z.B. im Vorfeld mehr Diagnostik gemacht. Aber wenn der erfahrene Kollege sagt, das brauchst du nicht, dann sage ich, ja gut. Natürlich ist das gut, aber für mich persönlich nicht. Im Rahmen der Ausbildung ist das nicht gut, wenn diese Untersuchung nicht gemacht wird. ... Wenn er (der erfahrene Kollege) sagt, okay, ich komme jetzt so zu der Diagnose, oder ich mache in einem Schritt die Diagnose und den therapeutischen Schritt in einer Untersuchung, dann sage ich Ihnen, natürlich ist das gut, wahrscheinlich im Sinne der DRGs, aber für uns wahrscheinlich nicht, weil die ganze Diagnostik für uns als Auszubildende sozusagen nicht mehr transparent ist."[82]

Die **administrativen Aufgaben**, bedingt durch die neue Arbeit der Kodierung, die Einarbeitung in das DRG-System und die gestiegene Notwendigkeit von Begründungen gegenüber den Krankenkassen, haben zugenommen. Diese Tätigkeiten werden vor allem von den Assistenzärzten als belastend empfunden und führen häufig zu Überstunden.[83] Das deutsche DRG-System ist mit über 1.100 (ab 2009 über 1.200) verschiedenen Fallpauschalen und diversen Zusatzentgelten ein komplexes und schwer überschaubares System geworden. Daher kann die Kodierung nicht, wie z.B. in Australien, von Hilfskräften übernommen, sondern muss von den behandelnden Ärzten selbst durchgeführt oder zumindest intensiv begleitet werden.[84] Der Aufgabenbereich der Ärzte hat sich erweitert, sie übernehmen nun in hohem Maße auch eine **wirtschaftliche Mitverantwortung**.[85] Sie stehen unter DRG-Bedingungen vor dem Problem, die Behandlungsabläufe optimal zu steuern und für jeden Patienten von vorneherein den richtigen Behandlungspfad einzuleiten. Hierbei fühlen sich ebenfalls vor allem jüngere, unerfahrene Ärzte

81 Vgl. Flintrop, J. (2006).
82 Buhr, P., Klinke, S. (2006), S. 85.
83 Vgl. Buhr, P., Klinke, S. (2006), S. 84 und Afflerbach, F. (2002), S. 187.
84 Vgl. Petrich, P., Strahler, D. (2008), S. 18.
85 Vgl. Redemann, P. (2002), S. 486.

unter einem permanenten Rechtfertigungsdruck.[86] Sie müssen unter **Zeitdruck** ökonomisch relevante Entscheidungen über die Aufnahme oder Nichtaufnahme eines Patienten oder die Durchführung oder Nichtdurchführung von diagnostischen Maßnahmen treffen. Allerdings ist weiterhin vor allem bei Assistenzärzten eine hohe Motivation für den Beruf spürbar. Sie haben noch nicht in einem anderen System gearbeitet und während ältere Kollegen mit den Umstellungen stärker zu kämpfen haben, haben sie nie etwas anderes kennen gelernt.[87]

3.2.2. Bedeutung klinischer Behandlungspfade

Wie bereits beschrieben, haben die Einführung der DRGs und die daraus resultierende Budgetverantwortung der Klinikleiter, gepaart mit Budgetkürzungen und Beschränkungen der Arbeitszeit[88, 89], die Kliniken unter einen enormen Anpassungsdruck gebracht. Die Liegedauer der Patienten erhält höchste Priorität, gleichzeitig muss die Zahl der zu behandelnden Patienten erhöht werden. Dies ist nur durch eine **neue Organisationsform,** wie klinische Behandlungspfade, möglich[90], denn durch sie wird eine diagnose- und behandlungsorientierte Betrachtungsweise in den Vordergrund gestellt.

In Australien, dem Mutterland der G-DRG, spielen die **klinischen Behandlungspfade** bereits eine große Rolle in den Krankenhäusern. Die Diagnostik und Therapie der Patienten erfolgen dort bei häufig vorkommenden Erkrankungen pfadgestützt.[91] Eine einheitliche **Definition** lässt sich dennoch schwer finden. Hier eine von Roeder, Hindle, Loskamp, u.a.: „Ein klinischer Behandlungspfad ist der, im Behandlungsteam selbst gefundene, berufsgruppen- und institutionenübergreifende Konsens für die beste Durchführung der gesamten stationären Behandlung, unter Wahrung festgelegter Behandlungsqualität sowie unter Berücksichtigung der notwendigen und verfügbaren Ressourcen, ebenso unter Festlegung der Aufgaben sowie der Durchführungs- und Ergebnisverantwortlichkeiten. Der klinische

86 Vgl. Buhr, P., Klinke, S. (2006), S. 85.
87 Vgl. Flintrop, J. (2006).
88 Seit dem Urteil des Europäischen Gerichtshofes im September 2003 ist die ärztliche wöchentliche Arbeitszeit auf maximal 48 Stunden beschränkt.[89]
89 Vgl. Urban, T. (o.J.).
90 Vgl. Binswanger, R. (2007), S. 319.
91 Vgl. Roeder, N. (2001) und Roeder, N. (2002), S. 462.

Behandlungspfad steuert den Behandlungsprozess. Gleichzeitig ist er das behandlungsbegleitende Dokumentationsinstrument und erlaubt die Kommentierung von Normabweichungen zum Zwecke fortgesetzter Evaluation und Verbesserung."[92]

Durch klinische Behandlungspfade kann schon am Tag der Aufnahme das voraussichtliche Entlassungsdatum aus der Klinik festgelegt werden. Mit ihrer Hilfe wird überwacht, ob die Zwischenziele (wie Operation, Mobilisation, etc.) zeitgerecht erreicht wurden.[93] Falls es zu Abweichungen vom vorgesehenen Standard kommt, wird nachgehakt, wo die Probleme oder Komplikationen gelegen haben. Diskrepanzen sind jederzeit möglich, nur müssen sie, inklusive einer Begründung zur Entstehung dieser, dokumentiert werden.[94] Es geht darum, die Handlungen optimal aufeinander abzustimmen. Ein klinischer Behandlungspfad soll helfen

- den richtigen Patienten,
- den richtigen Arzt,
- die richtige Pflegekraft,
- das richtige Material und
- die richtige Information

zum richtigen Zeitpunkt am richtigen Ort bereit zu stellen[95] und so unter anderem auch das Risiko von Fehlbehandlungen zu reduzieren. Klinische Behandlungspfade sind wichtige Datenlieferanten für das Controlling. Sie beinhalten eine detaillierte Zuordnung der Personalkosten der beteiligten Berufsgruppen sowie eine Zuordnung der Sachkosten auf den Behandlungsprozess.[96] So lassen sich Änderungen bzw. Verbesserungen und Abweichungen leicht feststellen.

---

92 Roeder, N., Hindle, D., Loskamp, N., u.a. (2003a), S. 21 und 22.
93 Vgl. Roeder, N., Hindle, D., Loskamp, N., u.a. (2003a), S. 20.
94 Vgl. Roeder, N., Hensen, P., Hindle, D., u.a. (2003), S. 1153 und von Reibnitz, C., Hermanns, P. (o.J.), S. 10.
95 Vgl. Rüegg-Stürm, J. (2007), S. C 2944.
96 Vgl. von Reibnitz, C., Hermanns, P. (o.J.), S. 7.

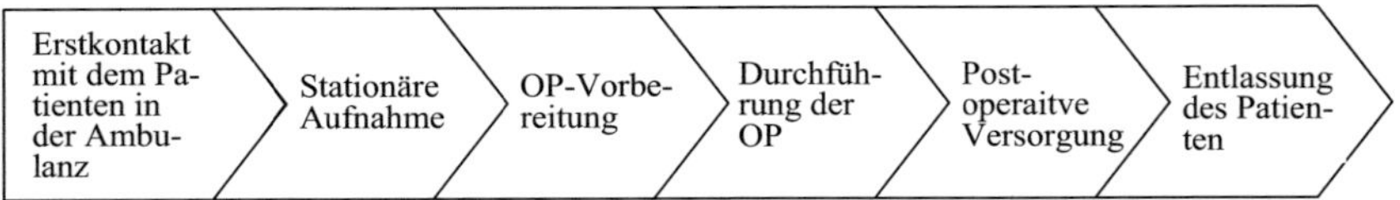

Abb. 3: Hauptprozesskette eines klinischen Behandlungspfades[97]

Wie in Abbildung 3 ganz allgemein dargestellt, strukturieren klinische Behandlungspfade den Gesamtprozess der Patientenbehandlung im Krankenhaus.[98] Allerdings können nur standardisierbare Behandlungsabläufe in einem klinischen Behandlungspfad erfasst werden. Im Idealfall kann dies bis zu 80% des Patientenanteils abdecken.[99]

Auch innerhalb der einzelnen Bereiche des Pfades müssen Optimierungen stattfinden. Der **OP-Bereich** spielt dabei eine entscheidende Rolle, da er das Nadelöhr ist, an dem sich viele Behandlungspfade kreuzen.[100] Zudem ist er neben der Intensivstation der kostenintensivste Bereich eines Krankenhauses und der geschwindigkeitsbestimmende Schritt bei der Versorgung operativer Patienten.[101] Da Operationen bei den an Patienten durchgeführten Prozeduren mit rund 34% den Hauptteil einnehmen, ist ein effizientes OP-Management unter DRG-Bedingungen für die Krankenhäuser überlebenswichtig.[102] Dem OP-Bereich hilft ein klinischer Behandlungspfad dadurch, dass er die Schnittstellen klar definiert und dafür sorgt, dass OP-externe Ereignisse (wie z.B. der Transportdienst) so gesteuert sind, dass OP-interne Prozesse bestmöglich ablaufen können. Klinische Behandlungspfade sind immer klinikspezifisch und müssen regelmäßig auf Effizienz und Funktionsfähigkeit überprüft werden. Bei konsequenter Durchführung verschaffen sie dem Krankenhaus Sicherheit im Hinblick auf optimierte Prozesse sowie der Kosten- und Qualitätskontrolle.[103]

97 Quelle: Eigene Darstellung in Anlehnung an Raetzell, M., Bauer, M. (2006), S. 190.
98 Ein konkretes Beispiel in Form eines klinikinternen Behandlungspfades zur Cholezystektomie befindet sich im Anhang auf den Seiten 97-103.
99 Vgl. Krusch, A., Siegmund, T., Huber, P., u.a. (2006), S. 128.
100 Vgl. Raetzell, M., Bauer, M. (2006), S. 188.
101 Vgl. Geldner, G., Eberhart, L., Trunk, S., u.a. (2002), S. 1.
102 Vgl. Statistisches Bundesamt (2006a), S. 12.
103 Vgl. Raetzell, M., Bauer, M. (2006), S. 197 und Söffge, W. (2002), S. 170.

Für die ärztliche Weiterbildung bedeutet eine klare Strukturierung zwar auch eine bessere Übersicht und durch eine genaue Dokumentation eine schnellere Einarbeitung. Ein Arzt in Weiterbildung bedarf jedoch der Anleitung und Kontrolle. Die chirurgische Technik muss aus fachlichen und forensischen Gründen unter Anleitung eines erfahrenen Chirurgen gelernt werden und bindet damit einen weiteren Facharzt. Es ist außerdem anzunehmen, dass ein unerfahrener Arzt für die Diagnose mehr Untersuchungen und mehr Zeit benötigt als ein erfahrener Facharzt. Dies bedeutet mehr Kosten, denn mit einem Benchmarking-Tool wie dem DRG-System, werden weiterbildende Krankenhäuser durch längere Prozesszeiten benachteiligt. Offen ausgewiesen findet Weiterbildung nicht mehr statt, denn Krankenhäuser werden mit den dadurch entstehenden Kosten bislang alleine gelassen.[104] Die Optimierung der Abläufe, die zu einer Steigerung der Versorgungsqualität führt, kann daher mit einer **Verschlechterung der ärztlichen Weiterbildungsqualität** einhergehen. Dies gilt es durch eine Berücksichtigung der durch die Weiterbildung entstehenden Kosten zu verhindern. Genauer wird darauf in den Kapiteln 3.3. und in den Schlussfolgerungen des Kapitels 5.5. eingegangen.

3.2.3. Bisherige Evaluationen zur DRG-Einführung

Über erwünschte oder auch unerwünschte Auswirkungen der DRG-Einführung gibt es trotz einer in § 17b Abs. 8 KHG **gesetzlich vorgeschriebenen Begleitforschung** nur wenige Quellen aus denen man verallgemeinerbare und empiriegestützte Informationen beziehen kann.[105] Das Institut für das Entgeltsystem im Krankenhaus (InEK) bringt jedes Jahr einen **Bericht über die aktuellen Weiterentwicklungen** des G-DRG-Systems heraus. Dieser konzentriert sich allerdings auf die Entwicklungen der Datentechnik und Messgrößen des Systems und vernachlässigt alle weiteren Fragen.[106] Per Vorschlagsverfahren können Fachgesellschaften, Verbände und Krankenhäuser Anpassungen einfordern.[107] Das InEK ist bemüht das DRG-System als lernendes System zu nutzen und eine immer sachgerechtere Abbildung der Leistungen durch eine höhere Homogenität in den ver-

[104] Vgl. Schüpfer, G. (2007).
[105] Vgl. Braun, B., Buhr, P., Klinke, S., u.a. (2008), S. A 732.
[106] Vgl. Institut für das Entgeltsystem im Krankenhaus GmbH (2007).
[107] Vgl. Schlottmann, N., Fahlenbrach, C., Brändle, G., Wittrich, A. (2006), S. 939.

schiedenen Fallgruppen zu erreichen.[108] Leistungserbringungen außerhalb der DRG-Fallgruppen, wie die ärztliche Weiterbildung, fallen somit nicht in dessen bisherigen Zuständigkeitsbereich. Die DRG Research Group des Universitätsklinikums Münster erstellt ebenfalls jährlich ein **Gutachten zum Anpassungsbedarf der Vergütung von Krankenhausleistungen**. Darin werden problematisch erscheinende Aspekte, wie z.B. die Limitationen eines rein datengetrieben lernenden Systems oder der episodenorientierten Finanzierung aufgelistet. Auch zur ärztlichen Weiterbildung findet sich dort ein eigenes Kapitel. In diesem wird bemängelt, dass das Problem der Finanzierung der ärztlichen Weiterbildung nach wie vor unbearbeitet ist. Es wird auch hervorgehoben, dass diese Unterfinanzierung vor allem Krankenhäuser der Maximalversorgung betrifft, da diese einen erheblichen Anteil der ärztlichen Weiterbildung durchführen.[109]

Das Bundesministerium für Gesundheit und soziale Sicherung hat 2007 einen **Fragenkatalog zu den Erfahrungen mit der DRG-Einführung** an verschiedene, im Gesundheitswesen bedeutsame Verbände und Institutionen versandt. In dessen Auswertung wird unter anderem kritisiert, dass der alltägliche bürokratische Aufwand immens sei und besonders durch die vom Medizinischen Dienst der Krankenkassen durchgeführten Prüfungen viel Zeit verloren gehe.[110] Die fehlende Begleitforschung wird hier ebenfalls als problematisch betrachtet, da so ein Frühwarnsystem, mit dem eine Unter- und Fehlversorgung rechtzeitig erkannt werden könnte, fehlt. Durch den fortschreitenden Wegfall vieler Weiterbildungsstellen bestehe die Gefahr einer nachlassenden Innovationskraft und einer Ausdünnung der medizinischen Versorgungsstruktur.[111] Aus der DRG-Einführung resultiere ein ungeheurer Druck zur Rationalisierung und Ökonomisierung, was zum einen mit Personalabbau einhergehe und zum anderen keinen Raum für die ärztliche Weiterbildung lasse. Auf lange Sicht führe dies zu einem Fachärztemangel, vor dem bereits verbreitet gewarnt wird.[112] Besonders die Universitätskliniken sind von diesen aktuellen Änderungen betroffen. Forschung, Lehre und die

[108] Vgl. Schlottmann, N., Köhler, N., Fahlenbrach, C., Brändle, G. (2007), S. 1070.
[109] Vgl. Roeder, N., Fiori, W., Bunzemeier, H. (2007), S. 30.
[110] Vgl. Arbeitsgemeinschaft der Wissenschaftlichen Medizinischen Fachgesellschaften (2007), S. 13.
[111] Vgl. Arbeitsgemeinschaft der Wissenschaftlichen Medizinischen Fachgesellschaften (2007), S. 30.
[112] Vgl. Flintrop, J. (2007).

ärztliche Weiterbildung treten immer mehr in den Hintergrund und viele Ärzte wandern bereits ins Ausland ab, wo sie bessere Arbeitsbedingungen vorfinden.[113]

Von dem **Forschungsprojekt Wandel in Medizin und Pflege im DRG-System** des Zentrums für Sozialpolitik der Universität Bremen und des Wissenschaftszentrums Berlin für Sozialforschung, liegen ebenfalls erste Ergebnisse vor. Die durchgeführten Umfragen haben ergeben, dass Ärzte sich vermehrt in einem ethischen Konflikt befinden. Beispielsweise kommen bei Entscheidungen über die Entlassung eines Patienten zu den medizinischen Hintergründen auch Erlöserwägungen hinzu.[114] Besonders Assistenzärzte spüren den gestiegen Druck, neben medizinisch einwandfreier auch eine ökonomisch vertretbare Leistung erbringen zu müssen. Allerdings gibt es durchaus auch positive Effekte. So hat sich z.B. die Zusammenarbeit zwischen Pflege und Ärzten verbessert. Die Bereitschaft zu abteilungsübergreifender Kommunikation ist gestiegen. Allen ist das wirtschaftliche Wohlergehen des Hauses wichtig, denn nicht zuletzt ist damit der Erhalt des eigenen Arbeitsplatzes verbunden.[115]

Auch die **Arbeitsstelle für theologische Ethik und Anthropologie** der Universität Bayreuth befasst sich mit den Auswirkungen des DRG-Systems. Deren Untersuchungen konzentrieren sich allerdings hauptsächlich auf qualitative Veränderungen. Jedoch zeigt sich auch im Zuge dieser Studie, dass vor allem für eine zwischenmenschliche Kommunikation unter DRG-Bedingungen keine Zeit vorgesehen ist.[116] Das heißt, aufbauende, motivierende Gespräche finden kaum noch statt. Übertragen auf die ärztliche Weiterbildung bedeutet dies, dass für umfassende Veranschaulichungen ebenfalls die Zeit fehlt. Die Weiterbildung findet nebenbei statt, eingeplant ist sie nicht.[117]

Um konkreter etwas über die Situation der ärztlichen Weiterbildung in Deutschland zu erfahren wäre eine, wie in der Schweiz jährlich durchgeführte, **Befragung der Assistenzärzte** interessant.[118] Dadurch ließen sich auch Rückschlüsse auf die

---

113 Vgl. Van Aken, H., Hiddemann, W., Steinau, H.-U., Encke, A. (2007).
114 Vgl. Buhr, P., Klinke, S. (2006), S. 52.
115 Vgl. Arbeitsgemeinschaft der Wissenschaftlichen Medizinischen Fachgesellschaften (2007), S. 53.
116 Vgl. Manzeschke, A. (2008), Folie 25.
117 Vgl. Achterhold, G. (2005).
118 Vgl. Siegrist, M., Orlow, P., Giger, M. (2005).

Weiterbildungsqualität ziehen und könnten zu deren Verbesserung genutzt werden. Bis jetzt hat lediglich die Helios Kliniken GmbH mit einer Umfrage unter ihren Assistenzärzten ihre interne Weiterbildungssituation mit der der Schweiz verglichen.[119] Dort stellte sich unter anderem heraus, dass deutsche Assistenzärzte mit der Weiterbildung unzufriedener sind als ihre Schweizer Kollegen. Demnach machen deutsche Assistenzärzte mehr Überstunden und finden ein kleineres Angebot an theoretischer Weiterbildung vor. Weitere Kritikpunkte sind die mangelnde Strukturierung und fehlende persönliche Gespräche mit dem Vorgesetzten.[120] Es ist natürlich fraglich, ob all diese Kritikpunkte an der momentanen Weiterbildungssituation durch die DRG-Einführung bedingt sind und ob sich diese internen Ergebnisse für ganz Deutschland verallgemeinern lassen. Wichtige Ansatzpunkte zur Verbesserung und Sicherstellung einer hohen Weiterbildungsqualität liefern sie sicherlich trotzdem.

3.3. Wirtschaftliche Herausforderungen für weiterbildende Krankenhäuser

Es scheint als sei das Problem durchaus erkannt, dass eine qualitativ hochwertige ärztliche Weiterbildung auch finanziell gefördert werden muss, da sie sonst in nicht ausreichendem Umfang oder in nur unzureichender Qualität stattfindet. Denn nur eine gute ärztliche Weiterbildung sichert den Fortbestand einer qualitativen medizinischen Versorgung der Bevölkerung.[121] Dennoch werden weiterbildende Krankenhäuser im Moment systematisch benachteiligt. Das Argument, dass die Weiterbildungskosten bereits in den DRG-Fallpauschalen kalkulatorisch berücksichtigt sind, mag zwar formal richtig sein, geht aber an der Praxis vorbei, da die Lasten der Weiterbildung ungleich zwischen den verschiedenen Krankenhäusern verteilt sind. Bei einkalkulierten Weiterbildungskosten profitieren die Krankenhäuser, die nicht weiterbilden, während Krankenhäuser die diese Aufgabe wahrnehmen bezüglich der Weiterbildung unterfinanziert sind.[122] Im Moment existieren noch keine Zuschläge für weiterbildende Krankenhäuser,[123] wobei dies

[119] Vgl. Fotuhi, P., Siegrist, M., Vogel, S., u.a. (2007).
[120] Vgl. Fotuhi, P., Siegrist, M., Vogel, S., u.a. (2007), S. A 244-246.
[121] Vgl. Deutscher Ärzte-Verlag (2008b).
[122] Vgl. Van Aken, H., Hiddemann, W., Steinau, H.-U., Encke, A. (2007) und Flintrop, J. (2007).
[123] Vgl. Kraus, W. (2001), S. 42.

im Rahmen des G-DRG-Systems prinzipiell möglich wäre und von vielen Stellen gefordert wird.[124] Krankenhäuser tendieren mittlerweile bereits vermehrt dazu, nicht mehr in der Regelarbeitszeit weiterzubilden bzw. den Umfang ihrer Weiterbildungsaktivität stark zurück zu schrauben.[125]

Die wirtschaftliche Situation der weiterbildenden Krankenhäuser wird durch verschiedene Faktoren erschwert. Wie in einem Dienstleistungsunternehmen üblich, entfallen ungefähr zwei Drittel der Gesamtkosten in einem Krankenhaus auf die Personalkosten.[126] Dies bedeutet, dass Änderungen in der Personalstruktur und Gehaltssteigerungen zu wesentlichen Kostentreibern werden.

Bereits der **Wegfall der AiP-Zeit** im Jahr 2004 (siehe auch Kapitel 2.2.1) hatte Kostensteigerungen in den Krankenhäusern zur Folge,[127] denn Studienabgänger werden seitdem direkt zu Assistenzärzten mit einem angemessenen Gehalt. Es ist unbestritten, dass diese Änderung notwendig war und auch von den Krankenhäusern begrüßt wurde. Allerdings wurden sie mit der Finanzierung dieser Strukturänderung, bis auf Übergangsregelungen, die letztmals in 2008 gelten, weitestgehend alleine gelassen.[128] Besonders Krankenhäuser mit einer hohen Weiterbildungsaktivität sind davon betroffen, da dort auch die meisten AiP-Stellen vorgehalten wurden.

Mit den Entscheidungen des Europäischen Gerichtshofes vom 3. Oktober 2000 und vom 9. September 2003 ist das **neue Arbeitszeitgesetz** auch für deutsche Ärzte verpflichtend vorgegeben.[129] Es legt die maximale wöchentliche Arbeitszeit auf 48 Stunden fest und erkennt Bereitschaftsdienste voll als Arbeitszeit an.[130] Zusammen mit den **aktuellen Tarifsteigerungen** des ärztlichen und nichtärztlichen Personals um durchschnittlich acht Prozent,[131] bedeutet dies für Krankenhäuser eine Kostenexplosion im Personalsektor. Weiterbildende Krankenhäuser sehen sich vor der Schwierigkeit, dass der Kostenausgleich durch die Beschäf-

---

124 Vgl. Deutscher Ärztetag (109.) am 23. bis 26.05.2006.
125 Vgl. Van Aken, H., Hiddemann, W., Steinau, H.-U., Encke, A. (2007).
126 Vgl. Statistisches Bundesamt (2006b), S. 12.
127 Vgl. Strahler, D. (2005).
128 Vgl. o.V. (2004).
129 Vgl. Marburger Bund (2004).
130 Vgl. Urban, T. (o.J.).
131 Vgl. o.V. (2008).

tigung von Assistenzärzten dadurch nahezu verloren geht.[132] Konnte zuvor ein kleiner Teil der durch die Weiterbildung zusätzlich entstehenden, Kosten dadurch aufgefangen werden, dass Assistenzärzte die Dienste übernehmen, werden durch diese Änderungen die Gehaltsunterschiede immer geringer und damit die Einsparmöglichkeiten kleiner.

Die in der Zulassungsverordnung für Ärzte in § 32a festgeschriebene persönliche Leistungserbringung durch den ermächtigten Facharzt blockiert zusätzlich die ärztliche Weiterbildung.[133] Eigentlich sollte die Mitarbeit und Weiterbildung des ärztlichen Nachwuchses gewünscht und gefördert werden. Dennoch entstehen durch Politik und Verwaltung zusätzliche Hemmnisse und Behinderungen der ärztlichen Weiterbildung. Beispielsweise ist bei einer strengen Auslegung der Ermächtigungsambulanz der Chefärzte die Mitarbeit nachgeordneter Ärzte untersagt und fällt unter den Straftatbestand des Abrechnungsbetruges.[134] Auch die in § 115b SGB V aufgeführten ambulanten Operationen sind in Verbindung mit § 32a der Zulassungsverordnung für Ärzte nur von einem Facharzt durchzuführen. Patienten haben Anspruch auf eine ärztliche Behandlung, die dem Stand eines erfahrenen Facharztes entspricht und Krankenhäuser sind verpflichtet, diesen **Facharztstandard** rund um die Uhr zu gewährleisten.[135] Wird eine Operation auf einen dafür noch nicht ausreichend qualifizierten Assistenzarzt übertragen, ist dies ein Behandlungsfehler mit allen rechtlichen Konsequenzen. Ein Assistenzarzt darf nur unter unmittelbarer Aufsicht eines erfahrenen Chirurgen eingesetzt werden, der jeden Operationsschritt beobachtend verfolgt und jederzeit korrigierend eingreifen kann. Um den Standard eines erfahrenen Chirurgen leisten zu können muss bei chirurgischen Eingriffen immer ein Facharzt dem Berufsanfänger assistieren.[136]

Diese Regelungen sind unbestritten sinnvoll und zur rechtlichen Absicherung notwendig. Allerdings wird die ärztliche Weiterbildung, wie dargestellt, durch vielerlei Faktoren erschwert. Bringen sich Krankenhäuser dadurch, dass sie wei-

[132] Vgl. Kraus, W. (2001), S. 42.
[133] Vgl. Sandvoß, G. (o.J.).
[134] Vgl. Sandvoß, G. (o.J.).
[135] Vgl. Wienke, A. (2002), S. 462.
[136] Vgl. Wienke, A. (2002), S. 463.

terbilden zusätzlich in eine finanziell defizitäre Situation, geht der Anreiz zu einer qualitativen, flächendeckenden Weiterbildung völlig verloren. Daher ist eine adäquate Vergütung der Weiterbildungsaktivität unabdingbar.[137] Vor der Einführung des DRG-Systems wurden diese finanziellen Belastungen intern ausgeglichen, mit einer genauen Kostenabbildung und –zuordnung ist dies nun nicht mehr möglich.[138] Es müssen daher dringend neue Regelungen zur Vergütung der Weiterbildungsaktivität gefunden werden.

Die wirtschaftlichen Herausforderungen treffen **kommunale Krankenhäuser** am schwersten. Sie sind es, die verstärkt den Aus- und Weiterbildungsauftrag wahrnehmen[139], können aber strukturbedingt nicht so dynamisch auf Änderungen reagieren und sind finanziell abhängig.[140] Besonders für diese Krankenhäuser muss ein finanzieller Ausgleich geschaffen werden. Krankenhäuser in privater Trägerschaft haben zumindest die zusätzliche Möglichkeit, Finanzmittel über den Kapitalmarkt zu beschaffen.[141] Wenn man durch ein DRG-System medizinische Leistungen vergleichbar macht, sollte auch eine Chancengleichheit zwischen den Leistungserbringern gegeben sein. Dies gilt auch für die Unterscheidung der Krankenhäuser nach unterschiedlichen Versorgungsstufen, denn eine Maximalversorgung lässt sich nun mal nicht zum Preis der Grundversorgung anbieten.[142]

Da die Durchführung der ärztlichen Weiterbildung in Deutschland bisher nicht angemessen vergütet wird, ist es interessant zu erfahren, wie andere DRG-Länder mit diesem Problem umgehen. Es folgt daher eine exemplarische Betrachtung Australiens und der Schweiz.

[137] Gespräch mit Dr. Alfred Estelmann, Vorstand des Klinikums Nürnberg am 11.12.2007.
[138] Vgl. Kraus, W. (2001).
[139] Vgl. Roeder, N. (2008), Folie 12.
[140] Vgl. Riedmayer, J., Schraml, A., Stenzel, J. (2002), S. 487 und 489 und Friedrich, U. (2002a), S. 478.
[141] Vgl. Schmidt, C., Gabbert, F., Engler, F., Möller, J. (2003), S. 297.
[142] Vgl. Schmidt, C., Möller, J., Hesslau, U., u.a. (2005), S. 697.

4. Abbildung der ärztlichen Weiterbildungskosten in zwei weiteren DRG-Ländern

4.1. Australien

Australien ist ebenfalls ein föderalistisch organisierter Bundesstaat (Commonwealth). Das Gesundheitswesen wird sowohl vom Staat als auch durch die einzelnen Länder (Territories) finanziert. Die Verantwortung über den Mitteleinsatz in den öffentlichen Krankenhäusern obliegt den einzelnen Territories obwohl der Commonwealth die hauptsächliche Finanzierung dieser Krankenhäuser übernimmt.[143] Das Territory Victoria hat bereits 1994, als erstes australisches Territory, ein DRG-System zur Finanzierung von stationär erbrachten Leistungen verwendet.[144] Mittlerweile stellt das australische Gesundheitsministerium das landesweit einheitliche **AR-DRG-Klassifikationssystem** (Australian Refined Diagnosis Related Groups) für alle Territories zur Verfügung. Zur Bewertung dienen Relativgewichte, die im Rahmen der nationalen Kostenstudie ermittelt und als nationaler Durchschnitt, sowie getrennt nach einzelnen Territories und Regionen veröffentlicht werden. Zusätzlich wird dort jeweils nach öffentlichen und privaten Krankenhäusern unterschieden. Die einzelnen Territories können weitgehend selbst darüber entscheiden, welche Elemente der zentral bereitgestellten Klassifikations- und Kostengrundlagen für die Vergütung der jeweiligen öffentlichen Krankenhäuser verwendet werden. Private Krankenhäuser, deren Anteil ungefähr 30 % beträgt, werden außerhalb der öffentlichen Hand finanziert. Ihre Leistungen werden ausschließlich durch private Versicherungen und Selbstzahler bezahlt, daher nutzen diese Krankenhäuser das AR-DRG-System zum größten Teil überhaupt nicht.[145]

Das AR-DRG-System, welches als Ausgangsgrundlage für das G-DRG-System verwendet wurde, wird folglich in Australien nur in **eingeschränktem Umfang** für eine fallbezogene Vergütung stationärer Krankenhausleistungen eingesetzt. In den Leistungsbereichen, die zu Vergütungszwecken tatsächlich DRG-bezogen

143 Vgl. Griffith, G. (2006), S.1-2 und 11.

144 Emailaustausch mit Herrn Charles Maskell-Knight, dem Sekretär der australischen Gesundheitsministerin.

145 Vgl. Polei, G. (2000), S. 1.

abgebildet werden, erfolgt die Abrechnung nicht patientenbezogen, sondern über vierteljährliche Abschlagsbeträge.[146] Dies wird dadurch ermöglicht, dass sich die wesentlichen Finanzierungsquellen der, für die DRG-Vergütung maßgeblichen, öffentlichen Krankenhäuser auf den Commonwealth und das jeweilige Territory konzentrieren. Das australische Gesundheitswesen ist folglich ein steuerfinanziertes System.[147] In den Territories Victoria und New South Wales z.B. werden im Durchschnitt nur etwa 40% der Krankenhausbudgets fallbezogen vergütet, die Restfinanzierung erfolgt über andere leistungsbezogene oder fixe Vergütungsbestandteile.[148] Der, in Deutschland gewünschte und durch die Einführung eines DRG-Systems forcierte, Wettbewerbsdruck ist hier durch eine nicht gegebene Vergleichbarkeit kaum spürbar.

Es gibt noch weitere Besonderheiten in der nicht rein fallbezogenen Vergütung australischer Krankenhäuser. Kleine Krankenhäuser mit unter 2.000 Fällen pro Jahr, werden z.B. ganz aus dieser Vergütungsform herausgenommen und über Sondervereinbarungen und Zusatzvergütungen finanziert. Ebenso werden einzelne Fallgruppen, wie z.B. Dialyse und nicht-akute Behandlungen, überhaupt nicht über DRG abgerechnet. Einzelne Kalkulationsmodule bzw. Kostenarten mit hohem Fixkostenanteil werden aus der DRG-Vergütung ebenfalls herausgenommen und fix abgerechnet. Dazu gehören beispielsweise die Intensivstation, die Notfallaufnahme sowie Forschung und Lehre. Aus- und Weiterbildungskosten werden teilweise pauschal pro Ausbildungsplatz oder durch **Weiterbildungsgrants** als Zusatzentgelt erstattet. Die gesamten Overheadkosten[149] werden separat vergütet.[150] Besonders hervor zu heben ist auch, dass es nach Krankenhausgruppe abgestufte strukturelle Vergütungskomponenten gibt. Sie werden durch einen Festbetrag je Fall, unabhängig von der DRG-Klassifikation, entlohnt. Die strukturbedingten höheren Kosten der Gruppen Lehrkrankenhäuser und Großstadtkrankenhäuser, bei uns zu vergleichen mit Universitätskliniken und Krankenhäusern der Maximalversorgung, sind in der nationalen Kostenerhebung separat ausgewiesen.

---

146 Vgl. Polei, G. (2000), S. 1.
147 Vgl. Friedrich, U. (2002b) S. 482.
148 Vgl. Polei, G. (2000), S. 1.
149 Overheadkosten werden auch Gemeinkosten genannt. Es sind Kosten, die nicht eindeutig einem einzelnen Bereich zugeordnet werden können.
150 Vgl. Polei, G. (2000), S. 2.

Es liegen **verschiedene Basiswerte** als Kalkulationsgrundlage vor [151] bzw. müssen kleine Krankenhäuser, die nicht an der Notfallversorgung teilnehmen, Abschläge bis zu 16% hinnehmen, damit Großkrankenhäuser Zuschläge von bis zu 16% erhalten können.[152] Dadurch wird deren besonderer Versorgungs- und Bildungsauftrag auch finanziell berücksichtigt. Zusätzlich hat jedes Territory sein, eigens an seine spezifischen Umstände angepasstes, Finanzierungssystem für öffentliche Krankenhäuser. Weswegen noch weitere Merkmale, wie regionale Unterschiede und verschiedene Patientengruppen, z.B. die Aborigines, in die Bedarfsermittlung mit eingehen.[153] Es wird jedem Territory ermöglicht auf charakteristische Besonderheiten und Bedürfnisse der Region zu reagieren. Victoria hat z.B. im Jahr 2007 seine Ausgaben für Aus- und Weiterbildung in öffentlichen Krankenhäusern um 21,5% erhöht,[154] völlig unabhängig von anderen Territories.

Die ärztliche Weiterbildung verläuft sehr ähnlich zu der im deutschen System. Man muss sein Medizinstudium inklusive eines praktischen Jahres (prevocational training) abgeschlossen haben, um am **vocational training**, der Facharztweiterbildung, teilnehmen zu können. Dieses dauert dann, je nach Fachgebiet, drei bis acht Jahre und fand bisher ausschließlich in öffentlichen Krankenhäusern, sowohl praktisch als auch theoretisch sehr strukturiert, statt.[155] Erst seit kurzer Zeit gibt es auch vereinzelt private Kliniken, die sich an der ärztlichen Weiterbildung beteiligen.[156]

Im Zuge der vorliegenden Ausarbeitung wurde mit dem australischen Gesundheitsministerium Kontakt aufgenommen, um zu erfahren, wie dort die ärztliche Weiterbildung finanziert wird. In Korrespondenz mit **Herrn Charles Maskell-Knight,** dem Sekretär der australischen Gesundheitsministerin, wurde nochmals sehr deutlich, dass das Problem der Nichtvergütung der Weiterbildungsaktivität der Krankenhäuser, bzw. der ungleichen Lastenverteilung zwischen weiterbildenden Krankenhäusern und nicht-weiterbildenden Krankenhäusern, in Australien

[151] Vgl. Friedrich, U. (2002b), S. 483.
[152] Vgl. Petrich, P., Strahler, D. (2008), S. 18.
[153] Vgl. Griffith, G. (2006), S.13.
[154] Vgl. Australian Medical Association (2007b), S. 1.
[155] Vgl. Australian Medical Association (2007a), S. 3.
[156] Emailaustausch mit Herrn Charles Maskell-Knight, dem Sekretär der australischen Gesundheitsministerin.

nicht existiert. Die Weiterbildungskosten seien durch andere Finanzierungswege gedeckt, nicht durch das DRG-System. Öffentliche Krankenhäuser hätten in der Regel nur staatlich versicherte Patienten und private Krankenhäuser nur Privatversicherte zu versorgen. Daher werden die öffentlichen Krankenhäuser auch staatlich, durch Steuergelder, subventioniert und erhielten für die ärztliche Weiterbildung einen festen Zuschlag. Wie bereist erwähnt, betont auch er die Unterschiedlichkeit der Krankenhausfinanzierung von öffentlichen Krankenhäusern in den einzelnen Territories. Eine einheitliche Darstellung wie genau die ärztlichen Weiterbildungskosten vergütet werden, sei dadurch nicht möglich. Durch die flexiblere Gestaltung des Systems ergäben sich die Probleme, der Unterfinanzierung der ärztlichen Weiterbildung und eine damit verbundene ungleiche Lastenverteilung zwischen den verschiedenen Krankenhäusern, in Australien nicht.

Angesichts der vielen und vielfältigen Vergütungsbestände, die in Australien außerhalb des DRG-Systems abgerechnet werden, ist es verwunderlich, dass bei der Übertragung auf deutsche Verhältnisse zusätzliche Vergütungselemente keine hohe Berücksichtigung fanden. Es bleibt die Frage offen warum im Vorhinein nicht kritischer überlegt wurde, welche Leistungen nicht über ein DRG-System abgebildet werden können. Vor diesem Hintergrund erscheint es fast merkwürdig, dass in Deutschland eine bis zu 90%ige DRG-Finanzierung der stationär erbrachten Leistungen angestrebt wird.[157] Obwohl Australien einen besseren Weg gefunden hat, die Aus- und Weiterbildung der Ärzte zu finanzieren, gibt es auch dort Stimmen und Organisationen, die sich über eine Unterfinanzierung dieser beklagen.[158] Aus- und Weiterbildung der Ärzte sind von hoher Bedeutung und erfordern einen beträchtlichen Mitteleinsatz, der selten als ausreichend bereit gestellt empfunden wird. Allerdings bleibt fest zu halten, dass Krankenhäuser, die Ärzte weiterbilden, in Australien derzeit weniger finanzielle Schwierigkeiten und Nachteile im Wettbewerb durch diese Leistungserbringung haben, als vergleichbare Krankenhäuser in Deutschland.

[157] Vgl. Rau, F. (2002), S. 503.
[158] Vgl. McGrath, B. (2005), S. 2 und 3.

4.2. Schweiz

Der Beschluss der Schweizer Bundesbehörden, dass ab 1998 für die statistische Erfassung von Krankenhausaufenthalten in der ganzen Schweiz einheitlich der ICD-10 Code (International Classification of Diseases - Version 10) für Diagnosen und der ICD-9-CM Code (International Classification of Diseases - Version 9 - Clinical Modification) für Eingriffe verwendet werden muss, war eine Grundvoraussetzung für die Einführung eines DRG-Systems.[159] Um eine breitere Datenbasis und erste Kostengewichte zu erhalten, wurden daraufhin intensive Projektarbeit und Pilotprojekte mit verschiedenen Krankenhäusern durchgeführt.

Ende April 2004 wurde der Verein **SwissDRG** gegründet. Er setzt sich zusammen aus den Dachverbänden der Ärzteschaft, der Krankenhäuser, der Krankenversicherer, der Unfall-, Invaliden- und Militärversicherer und der Gesundheitsdirektorenkonferenz. Der Gründungszweck war, innerhalb von drei Jahren ein Modell eines schweizweit einheitlichen, umfassenden Leistungsabgeltungssystems für die Aufenthalte im stationär akutsomatischen Bereich bereitzustellen. Dieses System soll dabei auf einem diagnosebezogenen Patientenklassifikationssystem basieren. Zur Pflege und Weiterentwicklung sowie zur Umsetzung in der Finanzierung durch die Kostenträger sollte der Verein entsprechende Konzepte erarbeiten. Nach sorgfältigem Abwägen von Vor- und Nachteilen verschiedener existierender DRG-Systeme[160] haben im Dezember 2005 die zuständigen Organe dieser Mitgliedsorganisation mehrheitlich beschlossen als Ausgangsgrundlage dafür das deutsche Fallpauschalen-System (G-DRG) zu nutzen.[161] Auf der Basis von G-DRG werden dann die Anpassungen und Modifikationen an die schweizerischen Verhältnisse vorgenommen. Zur Unterstützung bei der Adaptierung sowie für den Unterhalt des Systems wurde mit dem deutschen Institut für das Entgeltsystem im Krankenhaus (InEK) ein Kooperationsvertrag geschlossen.[162]

---

[159] Vgl. Schenke, L., Indra, P. (2002), S. 1.
[160] Vgl. Fischer, W. (2004), S. 4-6.
[161] Vgl. Bundesministerium für Gesundheit (2005a).
[162] Vgl. Verein SwissDRG (2005).

Die Einführung des neuen Systems hat bereits stufenweise begonnen, zum **01.01.2009** sollen die SwissDRGs dann offiziell und budgetwirksam **in Kraft treten** und bis 2012 flächendeckend in allen Kantonen gültig sein und dadurch eine leistungsbezogene und transparente Krankenhausfinanzierung ermöglichen. Der Finanzierungsschlüssel soll dann bei mindestens 55% liegen.[163]

Es existieren viele Gemeinsamkeiten in der Politik und der sozialen Geschichte zwischen der Schweiz und Deutschland: der Föderalismus, ein Gesundheitswesen welches auf das Bismarck'sche System zurückgeht, eine klar liberale Orientierung mit einem hohen Niveau an sozialer Solidarität und eine lange Tradition von direkten Beziehungen zwischen den Sozialpartnern.[164] Daher hat es sich für die Schweiz als am sinnvollsten erwiesen das deutsche Fallpauschalen-System als Grundlage für ein eigenes System zu wählen. Die Umsetzung findet in enger Kooperation zwischen beiden Ländern statt und bietet für die Schweiz die Möglichkeit von Erfahrungen mit dem G-DRG-System zu profitieren und bestehende Schwächen von vornherein zu verbessern. Auch in der Schweiz erfüllen öffentliche Krankenhäuser eine wichtige Rolle bei der Aus- und Weiterbildung von Ärzten und medizinischem Personal. Bei der Erfüllung dieser Aufgabe verlassen die Krankenhäuser jedoch den strikten Rahmen ihres Auftrages im Bezug auf Diagnose und Therapie innerhalb der Gesundheitsversorgung. Dadurch ist es schwierig diesen Aufgaben mit einem DRG-System gerecht zu werden.

Im Januar 2008 wurde die **SwissDRG AG** gegründet. Sie soll die Pflege der Tarifstruktur gewährleisten und hat die operative Verantwortung für die Einführungs- und Betriebsphase des DRG-Vergütungssystems an ein eigens eingerichtetes Kompetenzzentrum, das Casemix-Office (CMO) übertragen. In Korrespondenz mit dem dortigen **Geschäftsführer Herrn PD Dr. med. Simon Hölzer**, hat sich herausgestellt, dass für die Schweiz noch keine Lösung gefunden wurde, die Weiterbildungskosten im DRG-System adäquat abzubilden und somit weiterbildenden Krankenhäusern ihre Weiterbildungsaktivität entsprechend zu vergüten. Es wurde allerdings eine Arbeitsgruppe eingerichtet, die sich mit dieser Thematik befasst. Die Weiterbildung soll in den DRGs eingepreist sein. Damit würden je-

[163] Vgl. Hölzer, S. (2008), Folie 3.
[164] Vgl. Schenker, L., Indra, P. (2002) S 4.

doch alle Krankenhäuser die gleiche Vergütung erhalten, ganz egal, ob sie weiterbilden oder nicht. Das sich dadurch ergebende Problem der ungleichen Lastenverteilung zwischen den einzelnen Krankenhäusern, sei zwar erkannt, aber ebenfalls noch nicht gelöst.

Bisher haben Umfragen ergeben, dass Assistenzärzte in der Schweiz mit ihrer Berufswahl zufriedener sind als ihre deutschen Kollegen.[165] Es gibt dort ein größeres Angebot an theoretischen Weiterbildungsveranstaltungen, das rege genutzt wird, die Weiterbildung wird als strukturierter empfunden und auch die Überstunden liegen weit unter dem in Deutschland mittlerweile üblichen Maß.[166] Diese Ergebnisse verdeutlichen den Handlungsbedarf die Weiterbildung der Ärzte in einem DRG-System nicht zu vernachlässigen. Es bleibt zu hoffen, dass die enge Zusammenarbeit beider Länder und das Erkennen des Problems der ungleichen Lastenverteilung zwischen den Krankenhäusern, dazu beiträgt die Weiterbildungskosten in Zukunft besser in der Krankenhausfinanzierung zu berücksichtigen und damit eine qualitative Weiterbildung in beiden Ländern zu sichern.

[165] Vgl. Fotuhi, P., Siegrist, M., Vogel, S., Orlow, P., u.a. (2007) S. A 243.
[166] Vgl. Fotuhi, P., Siegrist, M., Vogel, S., Orlow, P., u.a. (2007) S. A 244 und 246.

5. Eigene Datenerhebungen zur Ermittlung der Weiterbildungskosten

5.1. Rahmenbedingungen der Erhebungen

5.1.1. Der Untersuchungsort Klinikum Nürnberg

Diese vorliegende Arbeit wurde in Kooperation mit dem Klinikum Nürnberg erstellt. Daher folgt nun eine kurze Vorstellung dieses Praxispartners.[167]

Das Klinikum Nürnberg wird in kommunaler Trägerschaft geführt. Es hat die Rechtsform einer Anstalt des öffentlichen Rechts, eines selbständigen Kommunalunternehmens gemäß Art. 89 der Bayerischen Gemeindeordnung. Die Stadt Nürnberg besetzt als Gewährträger des Klinikums Nürnberg dessen Aufsichtsorgan mit dem Oberbürgermeister als Vorsitzenden und elf Stadträten als Mitgliedern des Verwaltungsrats. Das Klinikum Nürnberg nimmt stellvertretend für die Stadt Nürnberg deren Versorgungsauftrag wahr. Es ist im Bayerischen Krankenhausplan der Versorgungsstufe III zugeordnet. Damit zählt es gemeinsam mit dem Universitätsklinikum Erlangen zu den Krankenhäusern der **maximalen Leistungsstufe** in der Metropolregion Nürnberg. Mit seinen 2.170 Planbetten an zwei Standorten im Norden und Süden Nürnbergs kommt dem Klinikum Nürnberg eine große wirtschaftliche Bedeutung in der Region zu. Im Jahr 2007 wurden von ihm 89.500 Patienten stationär und 66.300 Patienten ambulant behandelt. Mit seinen 24 Kliniken, 12 Instituten, 13 Interdisziplinären Zentren, 7 Tageskliniken bzw. teilstationären Angeboten, 29 Operationssälen, 118 Intensivbetten, einer speziellen Einrichtung für Schwerstbrandverletzte und zwei Helikopterlandeplätzen, bietet es das komplette Leistungsspektrum moderner Medizin und stellt einen 24-stündigen Notfalldienst für einen Großteil der Nürnberger Bevölkerung sicher.[168] Insgesamt sind im Klinikum Nürnberg **5.500 Mitarbeiter** beschäftigt, davon 879 Ärzte.[169]

[167] Zweck dieser Darstellung ist es einen ersten Eindruck des Klinikums Nürnberg zu bekommen, für weitere Informationen sei auf dessen Homepage (www.klinikum-nuernberg.de) sowie den dort veröffentlichten Jahresbericht verwiesen.

[168] Vgl. Bayerisches Ministerium für Arbeit und Sozialordnung, Familie und Frauen (2008), S. 61.

[169] Vgl. Petrich, P., Strahler, D. (2008), S. 5.

Im Klinikum Nürnberg stehen mehr als 400 Ausbildungsplätze[170] in verschiedenen Berufsfeldern zur Verfügung, z.B. im eigenen Zentrum für Pflegeberufe und einer Berufsfachschule für medizinisch-technische Radiologieassistenten. Zudem befinden sich derzeit **418 Ärzte** in der ärztlichen Weiterbildung um eine Facharzt-, Schwerpunkts- oder Zusatzbezeichnung zu erwerben. Es kooperiert als **akademisches Lehrkrankenhaus** mit der Friedrich-Alexander-Universität Erlangen-Nürnberg.

Im Jahr 2007 hatte das Klinikum Nürnberg einen Jahresumsatz von rund 400 Millionen Euro. Die durchschnittliche **Verweildauer betrug 7,1 Tage** und ist damit im Vergleich zum Vorjahr weiter gesunken. Steigende Patientenzahlen haben 2007 zu einer Bettenauslastung von 86% geführt.[171]

Das Klinikum Nürnberg besitzt **drei Tochterunternehmen**, die jeweils als eigenständiges Unternehmen Leistungen für Patienten anbieten. Die Klinikum Nürnberg GmbH (medizinplus), die ARZ Ambulantes Rehabilitationszentrum GmbH und die Krankenhäuser Nürnberger Land GmbH. Die **Klinikum Nürnberg GmbH**, mit der Marke medizinplus, ist eine interdisziplinäre Privatklinik. Sie ist in ihrer medizinischen Leistungserstellung mit den 36 Kliniken und Instituten des Klinikums Nürnberg eng verbunden. Bei der **Krankenhäuser Nürnberger Land GmbH** handelt es sich um die früheren Kreiskrankenhäuser des Landkreises Nürnberg Land mit Standorten in Altdorf, Hersbruck und Lauf.[172] Das Klinikum Nürnberg, wie auch die Krankenhäuser Nürnberger Land GmbH, haben jeweils eine Tochter, die vor allem Serviceleistungen im Reinigungsbereich erbringt.

Die durchgeführten Erhebungen fanden in Zusammenarbeit mit zwei Kliniken des Klinikums Nürnberg statt, die im folgenden Abschnitt näher vorgestellt werden.

5.1.2. Die untersuchten Kollektive

5.1.2.1. Die Allgemeine Chirurgie

Die Klinik für Allgemein-, Viszeral- und Thoraxchirurgie verfügt über 140 Betten. Im Jahr 2007 wurden von ihr 4.434 Patienten stationär behandelt, deren Auf-

[170] Vgl. Neubauer, G., Beivers, A., Grüneberg, T., Pietsch, G. (2008), S. 4.
[171] Vgl. Petrich, P., Strahler, D. (2008), S. 4, 5 und 8.
[172] Vgl. Petrich, P., Strahler, D. (2008), S. 57.

enthalt durchschnittlich 10 Tage betrug. Außerdem wurden 249 ambulante Operationen durchgeführt[173]. Damit gehört sie innerhalb des Klinikums Nürnberg zu den größten Kliniken. Ihr Ärzteteam setzt sich aus **einem Chefarzt, neun Oberärzten, acht Fachärzten und 18 Assistenzärzten** zusammen. Diesen stehen 76 examinierte Gesundheits- und Krankenpfleger, wovon drei zusätzlich als Stomatherapeuten ausgebildet sind, bei der täglichen Versorgung der Patienten zur Seite.

Das Leistungsspektrum der Klinik umfasst alle Erkrankungen der Weichteile sowie des Brust- und Bauchraumes. Die Schwerpunkte liegen in der onkologischen und minimal invasiven Chirurgie der Bauch- und Thoraxorgane (z.B. Lunge, Speiseröhre, Magen, Darm, Leber, Galle, Bauchspeicheldrüse), der endokrinen Chirurgie[174] sowie der Proktologie.[175] Die drei häufigsten Hauptdiagnosen im Jahr 2007 waren Gallensteinleiden, akute Blinddarmentzündung und Darmverschluss ohne Eingeweidebruch. Am zahlreichsten wurden folgende Operationen durchgeführt: **Operative Entfernung der Gallenblase**, Untersuchung des S-förmigen Abschnitts des Dickdarms durch eine Spiegelung und Ultraschall des Mastdarms mit Zugang über den After.[176]

Die Klinik verfügt über zwei besondere Stationen, die Intermediate-Care-Station und eine **interdisziplinäre Station**. Dort werden Patienten mit operationspflichtigen Krankheiten der Lunge und Thoraxorgane, sowohl von Fachärzten der Pneumologie (Lungenheilkunde) als auch von Fachärzten der Thoraxchirurgie interdisziplinär betreut. Bei der **Intermediate-Care-Station** handelt es sich um speziell ausgestattete Überwachungszimmer, in denen nicht mehr intensivpflichtige Patienten von besonders geschultem Personal betreut werden.[177]

Diese Interdisziplinarität wird auch in der engen Zusammenarbeit zwischen Fachexperten des Klinikums Nürnberg und spezialisierten niedergelassenen Gastroenterologen im **zertifizierten Darmzentrum** der Klinik deutlich. Ihr gemeinsames

---

173 Vgl. Petrich, P., Strahler, D. (2008), S. 34.

174 Die endokrine Chirurgie befasst sich mit der operativen Therapie von Erkrankungen der endokrinen Organe wie Schilddrüse, Nebenschilddrüse, Nebenniere und der endokrinen Bauchspeicheldrüse.

175 Die Proktologie ist ein medizinisches Teilgebiet, das sich mit den Erkrankungen des Enddarms beschäftigt.

176 Vgl. o.V. (2007), S. 24 und 25.

177 Vgl. Petrich, P., Strahler, D. (2008), S. 34.

Ziel ist die erfolgreiche Therapie von Tumoren des Gastrointestinaltraktes, insbesondere kolorektaler Karzinome sowie eine Intensivierung der Vorsorgemaßnahmen und die engmaschige Nachsorge der Patienten.[178]

Durch die Angliederung an die **interdisziplinäre Notfallambulanz** können sämtliche allgemein-, abdominal- und thoraxchirurgischen Notfälle 24 Stunden pro Tag an allen Tagen behandelt werden. Zusätzlich gehört zu der Klinik eine proktologische Ambulanz, in der ambulante Diagnostik und Therapie von Enddarmerkrankungen (unter anderem mittels Lasertherapie) durchgeführt wird und die Spezialsprechstunden für betroffene Patienten anbietet.[179]

5.1.2.2. Die Hals-, Nasen-, Ohrenklinik

Die Hals-Nasen-Ohrenklinik des Klinikums Nürnberg verfügt über drei Stationen mit insgesamt 79 Betten und zehn zusätzlichen tagesklinischen Plätzen. Im Jahr 2007 wurden dort 5.404 Patienten stationär behandelt, die durchschnittlich 5,6 Tage in der Klinik blieben. Zusätzlich betreute die Klinik 617 Patienten teilstationär. Außerdem wurden 213 ambulante Operationen durchgeführt.[180] Das Ärzteteam der Klinik setzt sich aus **einem Chefarzt, sechs Oberärzten, zwei Fachärzten und 13 Assistenzärzten** zusammen. Ihnen stehen 49 examinierte Gesundheits- und Krankenpfleger bei der täglichen Versorgung der Patienten zur Seite.

Neben der konservativen Behandlung von Hörsturz, Tinnitus, Allergien und Schwindelerkrankungen spielen in der H-N-O-Klinik vor allem operative Eingriffe eine große Rolle. Die drei häufigsten Hauptdiagnosen im Jahr 2007 waren Störung des Gleichgewichtorgans, Anhaltende Krankheit der Gaumen- bzw. Rachenmandeln und Krankheit der Stimmlippen bzw. des Kehlkopfes.[181] Zu den Operationen zählen Eingriffe zur Verbesserung der Hörfähigkeit, plastische und endoskopische Operationen im Bereich der Nase und der Nasennebenhöhlen, stimmverbessernde Kehlkopfeingriffe und operative Therapien bei Schnarchen und schlafbezogenen Atemstörungen.[182] Am zahlreichsten im Jahr 2007 wurden folgende Operationen durchgeführt: Untersuchung des Rachens, der Speiseröhre

[178] Vgl. Petrich, P., Strahler, D. (2008), S. 55.
[179] Vgl. Petrich, P., Strahler, D. (2008), S. 34.
[180] Vgl. Petrich, P., Strahler, D. (2008), S. 41.
[181] Vgl. o.V. (2007), S. 127.
[182] Vgl. Petrich, P., Strahler, D. (2008), S. 41.

und des Kehlkopfes durch eine Spiegelung, **operative Entfernung der Gaumenmandeln** (ohne Entfernung der Rachenmandel) und operative Entfernung oder Zerstörung von erkranktem Gewebe des Kehlkopfes.[183] Ein tumorchirurgischer Schwerpunkt liegt im Bereich der Speicheldrüsen- und Halschirurgie mit plastischen rekonstruktiven Maßnahmen.

Die H-N-O-Klinik verfügt über eine eigene **Tagesklinik** in der in erster Linie Infusionstherapien, die bei einem Hörsturz oder einem Tinnitus erforderlich sind, durchgeführt werden.[184] Interdisziplinär arbeitet auch die H-N-O-Klinik bei vielen Krankheitsbildern eng mit angrenzenden Fachgebieten wie z.B. der Neurologie, der Psychosomatik, der Inneren Medizin, der Mund-Kiefer-Gesichtschirurgie und der Plastischen Chirurgie zusammen. Gemeinsam mit der Pneumologie betreibt sie das **Zentrum für Schlafmedizin**. Dieses bietet Patienten das gesamte diagnostische und therapeutische Spektrum bei allen Schlafstörungen sowie bei Störungen des Schlaf-Wach-Rhythmus. Es verfügt dafür über ein Schlaflabor mit 18 Messplätzen und ist die größte Einrichtung dieser Art in Bayern.[185]

Der **Ambulanzbereich** nimmt als **Dreh- und Angelpunkt der H-N-O-Klinik** eine wichtige Rolle ein. Dort werden einbestellte Patienten zur stationären Therapie aufgenommen, Notfallpatienten untersucht und behandelt sowie Konsiluntersuchungen durchgeführt. Spezialuntersuchungen wie Ultraschall, Hör- und Gleichgewichtstest, Gesichtsnervenuntersuchungen sowie Funktionsuntersuchungen des Geschmacks und Geruchssinns finden ebenfalls dort statt.[186] Außerdem erfolgen im Bereich der Ambulanz die Spezialsprechstunden, wie z.B. die nachbetreuende Tumorsprechstunde. Die am häufigsten ambulant durchgeführten Operationen im Jahr 2007 waren: Wiederausrichtung einer Nase nach Nasenbruch, operativer Einschnitt in das Trommelfell und operative Entfernung der Rachenmandel bzw. ihrer Wucherungen (ohne Entfernung der Gaumenmandeln).[187]

---

183 Vgl. o.V. (2007), S. 127.
184 Vgl. Petrich, P., Strahler, D. (2008), S. 53.
185 Vgl. Petrich, P., Strahler, D. (2008), S. 56.
186 Vgl. Petrich, P., Strahler, D. (2008), S. 41.
187 Vgl. o.V. (2007), S. 128.

5.1.3. Bisherige Studien

Wie bereits in Kapitel 3.2.3 dargestellt, wurde die gesetzliche Pflichtbegleitforschung zur Einführung des DRG-Systems weitgehend vernachlässigt. Auch zum Thema der Kosten der ärztlichen Weiterbildung in einem DRG-System gibt es bisher nur sehr wenige Studien.

In einem DRG-System können **verlängerte intraoperative Prozesszeiten** und vermehrte Personalbindung, die bei der Durchführung der ärztlichen Weiterbildung zu erwarten sind, zu finanziellen Verlusten führen. Da zudem der Operationsbereich, neben der Intensivstation, zu den kostenintensivsten Bereichen eines Krankenhauses gehört,[188] konzentrieren sich bisher durchgeführte Untersuchungen auf dieses Gebiet.

Zwei verschiedene Pilotstudien unter der Leitung von PD Dr. P.H. Dr. med. Martin Bauer, aus der Forschungsgruppe „Perioperative Versorgungsforschung“ des Universitätsklinikums Schleswig-Holstein, haben gezeigt, dass die gleichen operativen Eingriffe in Großklinken, in denen vermehrt ärztliche Weiterbildung stattfindet, signifikant länger dauern als in kleineren Krankenhäusern. Verglichen wurden die chirurgisch determinierte Kennzahl „Schnitt-Naht-Zeit“ (SNZ) und die anästhesiologisch determinierten Kennzahlen „anästhesiologischer Vorlauf“ und „anästhesiologischer Nachlauf“. In der ersten Studie wurde dies am Beispiel der laparoskopischen Cholezystektomie und in der anderen Untersuchung anhand der transurethralen Elektroresektion der Prostata gezeigt. Es wurde auch der Ausbildungsstand der Operateure in den Kliniken evaluiert. Dabei zeigte sich, dass in Gruppe 1, der kleineren Krankenhäuser (weniger als 15.000 Fälle/Jahr), die beteiligten Anästhesisten und Operateure signifikant erfahrener waren als in Gruppe 2, der Großkliniken (mehr als 15.000 Fälle/Jahr). In beiden Gruppen lag durch die ausschließliche Betrachtung von Fällen, die mit der gleichen DRG abgerechnet wurden, die gleiche Fallschwere vor. Im Ergebnis waren bei beiden Studien die verglichenen Kennzahlen bei Gruppe 2 signifikant länger als bei Gruppe 1.[189]

---

[188] Vgl. Geldner, G., Eberhart, L.H.J., Trunk, S., u.a. (2002), S. 760.

[189] Vgl. Bauer, M., Hanss, R., Römer, T., u.a. (2007a) und Bauer, M., Hanss, R., Römer, T., u.a. (2007b).

Diese Resultate legen die Schlussfolgerung nahe, dass in großen Krankenhäusern mit mehr als 15.000 Fällen pro Jahr die Dauer der intraoperativen Prozessabläufe verlängert ist, was vermutlich an höherer Weiterbildungsaktivität liegt. Der daraus resultierende Mehraufwand an Personal- und Sachkosten wird im deutschen DRG-System zurzeit nicht berücksichtigt. Dies führt somit zur **Benachteiligung von Großkliniken mit hoher Weiterbildungsaktivität**. Auch eine im Jahr 2004 in den USA vorgelegte Untersuchung kommt zu dem Schluss, dass die Operationszeiten in Groß- und Universitätsklinken im Vergleich zu kleineren Kliniken länger sind.[190] Allerdings ging es in dieser Studie nicht primär darum zu zeigen, dass Weiterbildungsaktivität die Prozesszeit verlängert, auch wenn dies als Ursache angeführt wird. Es wurde vielmehr aufgezeigt, dass das anästhesiologische Personal Überstunden macht, die es durch eine chirurgisch determinierte Operationszeitverlängerung, nicht selbst beeinflussen kann.

Ein Kritikpunkt an den von der Forschungsgruppe Perioperative Versorgungsforschung durchgeführten Studien ist, dass bei den jeweils zehn beteiligten Krankenhäusern pro Gruppe nur je sieben bis zwölf Datensätze zur Auswertung zur Verfügung standen. Dadurch sei die **Aussagekraft nicht stark** genug. Außerdem wird bemängelt, dass die **Durchführung von Weiterbildung nur unterstellt** wird und es keinen Hinweis auf das tatsächliche Stattfinden dieser gäbe. Die Ursachen für die verlängerten Prozesszeiten könnten auch andere Gründe haben, wie z.B. die Unzweckmäßigkeit einzelner Prozessabläufe in Großkliniken. Es wird daher eine detailliertere Analyse gefordert.[191]

Um eine breitere Datenbasis zu erhalten und dadurch die vorläufigen Ergebnisse zu untermauern, hat die Forschungsgruppe Perioperative Versorgungsforschung die internetbasierte Umfrage **BOP** = Benchmark operativer Prozesszeiten (www.bop.uni-kiel.de/index.php) entwickelt. Kliniken sind aufgerufen an diesem Benchmarking-Tool teilzunehmen, ihre Prozesszeiten zu messen und dort einzugeben. Im Gegenzug erhalten sie dann tätigkeitsbezogen sowohl die mittleren individuellen Prozesszeiten als auch die mittleren Prozesszeiten der Gesamtstichprobe als Ranglistendarstellung. Die teilnehmenden Kliniken erhalten so eine schnelle Beurteilung der Wirtschaftlichkeit ihrer individuellen Versorgungspro-

---

190 Vgl. Abouleish, A., Dexter, F., Whitten, C., u.a. (2004), S. 403.
191 Vgl. Spirkl, R. (2008).

zesse und ein etwaiger Handlungsbedarf für weiterführende Prozessanalysen bzw. -reorganisationen wird leicht erkennbar.[192]

Die ärztliche Weiterbildung verursacht gewiss nicht nur im OP-Bereich zusätzliche Kosten. Allerdings sind diese in anderen Bereichen noch schwieriger zu erfassen. Auf diesbezügliche Nachfrage bei Herrn PD Dr. P.H. Dr. med. Martin Bauer verwies dieser auf eine dazu erstellte Kostenkalkulation. Diese haben sein Team und er für die von der DGAI (Deutsche Gesellschaft für Anästhesiologie und Intensivmedizin) zertifizierte ärztliche Weiterbildung im Fachgebiet Anästhesiologie erstellt. Die Hauptkosten liegen dort, neben den extra entstehenden Kosten der Zertifizierung, bei einem hauptberuflichen Weiterbildungsbeauftragten und zusätzlichen Kursen und Fortbildungen für die Weiterbilder. Aber auch die, bei der Durchführung der ärztlichen Weiterbildung im Allgemeinen anfallenden Kosten, wie eine Pauschale für die jährlichen Beurteilungsgespräche sowie eine für die Unterweisungen und Anleitungen sind mit in der Kalkulation enthalten.[193] Allerdings erscheint diese interne Kalkulation zu spezifisch auf den anästhesiologischen Bereich und die Zertifizierung ausgerichtet, um sie allgemein auf ärztliche Weiterbildung anwenden zu können. Sie zeigt jedoch auf, dass nicht nur durch verlängerte Prozesszeiten zusätzliche Kosten entstehen, sondern auch durch den, mit einer qualitativen Weiterbildung verbundenem, **Aufwand der Lehre bzw. der Unterweisung und Zuwendung.**

Der Verband Schweizerischer Assistenz- und Oberärztinnen und -ärzte – Spitalärzte Schweiz, hat vor diesem Hintergrund eine Studie zur Erhebung der Kosten der ärztlichen Weiterbildung beim Büro für arbeits- und sozialpolitische Studien in Auftrag gegeben. Es soll mittels Umfragen, Expertengesprächen und genauen Tätigkeitsdokumentationen ermittelt werden, wie viel Zeit für so genannte **Teachingeinheiten** in Anspruch genommen wird und wie viele Kosten dafür entstehen. Dabei sollen auch Opportunitätskosten[194] berücksichtigt werden, solche die den Assistenzärzten entstehen, wenn sie in ihrer Freizeit lernen und solche die den

[192] Vgl. Bauer, M. (2008b).

[193] Emailaustausch mit Herrn PD Dr. P.H. Dr. med. Martin Bauer, Leiter der Forschungsgruppe Perioperative Versorgungsforschung des Universitätsklinikums Schleswig-Holstein.

[194] Opportunitätskosten sind entgangene Erlöse, die dadurch entstehen, dass vorhandene Möglichkeiten zur Nutzung von Ressourcen nicht wahrgenommen werden. Sie sind der Nutzenentgang, der bei mehreren Alternativen durch die Entscheidung für die eine und gegen die anderen Möglichkeiten entsteht.

Fachärzten entstehen, wenn sie Unterweisungen vornehmen anstelle ihrer regulären Arbeit nach zu gehen. Auch der Beitrag der Assistenzärzte an die Weiterbildungskosten in Form von niedrigeren Löhnen und hoher Einsatzbereitschaft, die in Überstunden gemessen wird, sollen dabei Berücksichtigung finden. Kosten, die durch suboptimale Entscheidungen der Assistenzärzte entstehen sowie Kosten durch verlängerte Prozesszeiten bzw. Produktivitätseinbussen, werden in dieser Studie nicht mit einbezogen. Es handelt sich hierbei um eine groß angelegte Studie, die an 200 Krankenhäusern verschiedener Versorgungsstufen durchgeführt werden soll, um auch Vergleiche zwischen den einzelnen Krankenhaustypen zu ermöglichen.[195] Ergebnisse liegen allerdings noch keine vor, versprechen jedoch einen noch genaueren Überblick über die ärztlichen Weiterbildungskosten und vor allem die dadurch gebundene Zeit zu liefern.

5.1.4. Begründung der Auswahl der eigenen durchgeführten Erhebungen

Es ist sehr schwierig die Kosten, die durch die Durchführung ärztlicher Weiterbildung zusätzlich entstehen, isoliert darzustellen. Assistenzärzte sind fest im klinischen Alltag eingebunden und bei vielen ihrer Tätigkeiten fehlen direkte Vergleichsmöglichkeiten zwischen ihrem Handeln und dem eines Facharztes. Zusätzlich entstehen viele schwer erfassbare Opportunitätskosten, dadurch, dass Fach-, Ober- und Chefärzte sich Zeit nehmen den jungen Kollegen etwas zu erklären und zu zeigen. Das Büro für Arbeits- und Sozialpolitische Studien in Bern hat auf Grund einer in Auftrag gegebenen Studie zur Erhebung der Kosten der ärztlichen Weiterbildung, diese in verschiedene Kostenkategorien unterteilt. Dabei handelt es sich um: Zeitaufwand für Lehre (im Krankenhaus), Zeitaufwand für Lernen, unproduktiver Zeitaufwand von Dritten (im Krankenhaus), Zeitaufwand für Administration, Sach- und Infrastrukturkosten, Folgekosten, Kurse und Veranstaltungen außerhalb des Krankenhauses sowie Kosten von Weiterbildung in Praxisassistenz.[196] Ziel dieser Arbeit ist es anhand der Allgemeinen Chirurgie und der H-N-O-Klinik des Klinikums Nürnberg, ärztliche Weiterbildungskosten exemplarisch darzustellen. Es mussten daher Prozesse gewählt werden, die für beide Kliniken von hoher Bedeutung und in irgendeiner Form messbar sind. Alle zuvor ge-

195 Vgl. Dubach, P., Spycher, S. (2006).
196 Vgl. Dubach, P., Spycher, S. (2006), S. 11.

nannten Kostenkategorien zu erfassen übertrifft den Umfang dieser Arbeit. Es werden daher einzelne Prozesse näher betrachtet, anhand derer verdeutlicht wird, dass durch die Durchführung ärztlicher Weiterbildung den Krankenhäusern Mehrkosten entstehen.

Ärztliche Tätigkeiten lassen sich im Allgemeinen grob in **Behandlungs- und Entscheidungsprozesse** unterteilen. Die Behandlungsprozesse sind wiederum in zwei Bereiche, den diagnostischen und den therapeutischen gegliedert. Diagnostisch ließ sich kein exemplarischer Prozess finden, der messbar und aussagekräftig genug ist. Eventuelle zeitliche Unterschiede in der Durchführung der stationären Arbeit, wie Visiten und Untersuchungen, sind aus Mangel an vergleichbaren Gegebenheiten nur schwer feststellbar.[197] Auch die Vermutung, dass Assistenzärzte vermehrt diagnostische Untersuchungen durchführen[198], ist schwer messbar, da auch dort direkte Vergleichsmöglichkeiten fehlen. Als exemplarischer therapeutischer Behandlungsprozess liegt ein detaillierter **Schnitt-Naht-Zeit (SNZ) - Vergleich** von Assistenzärzten und Fachärzten nahe, um die Aussage der vorliegenden Studien aufzugreifen und fortzuführen.[199] Die durchschnittliche SNZ ist leicht messbar, durch einen großen Stichprobenumfang gut vergleichbar und aussagekräftig. Dadurch, dass der OP-Bereich einen der kostenintensivsten Bereiche innerhalb des Klinikums darstellt[200], ist dort die Ermittlung von zusätzlich entstehenden Kosten durch ärztliche Weiterbildung von großer Bedeutung. Es gibt bereits viele Studien darüber wie man die Organisation im OP-Bereich optimieren und somit effizienter nutzen kann.[201] Insofern ist es für die Kostenstruktur einzelner Krankenhäuser sehr wichtig genauer heraus zu finden, wie viele Kosten in diesem Bereich zusätzliche dadurch entstehen, dass dort ebenfalls zu einem großen Teil die ärztliche Weiterbildung stattfindet.

Als zu bestimmenden Kostenfaktor eines exemplarischen Entscheidungsfindungsprozesses, wurde eine **Wartezeitmessung in der Ambulanz** gewählt. Die

---

[197] Gespräch mit Dr. Thomas Grüneberg, MBA, Stab des Vorstandes des Klinikums Nürnberg, am 03.04.2008.

[198] Vgl. Buhr, P., Klinke, S. (2006), S. 85.

[199] Vgl. Bauer, M., Hanss, R., Römer, T., u.a. (2007a) und Bauer, M., Hanss, R., Römer, T., u.a. (2007b).

[200] Vgl. Geldner, G., Eberhart, L., Trunk, S., u.a. (2002), S. 760.

[201] Vgl. Bauer, M., Martin, E. (1999), Siegmund, F. (2007) und Hanss, R., Buttgereit, B., Tonner, P., u.a. (2005).

Ambulanz nimmt seit der DRG-Einführung eine noch wichtigere Rolle ein. Dort findet der erste Arztkontakt statt und dieser legt dann den weiteren Therapieverlauf fest. Der Patient wird direkt nach seiner Aufnahmeuntersuchung einem entsprechenden Behandlungspfad zugeordnet. Diese ersten Entscheidungen sind daher in hohem Maße für weitere entstehende Therapiekosten ausschlaggebend und setzen voraus, dass eine qualifizierte Aufnahmeuntersuchung statt gefunden hat. Diese durch Fachärzte durchführen zu lassen erscheint daher notwendig und zweckmäßig. Mittlerweile wird dies auch von Medizincontrollern zunehmend gefordert.[202] Assistenzärzte sind oft darauf angewiesen einen Facharzt zwecks Rücksprache zu konsultieren und zu Untersuchungen dazu zu rufen. Teils weil sie Entscheidungen nicht alleine treffen können, teils weil sie sie nicht alleine treffen dürfen. Die deswegen entstehenden Wartezeiten auf einen Facharzt führen im Extremfall zu **Leerlaufzeiten** im Ambulanzbereich, in denen nicht weiterbehandelt werden kann. Die Situation verzwickt sich immer mehr dadurch, dass wenn der die Aufnahmeuntersuchung durchführende Arzt die falsche Entscheidung trifft, Kosten durch Therapieverzögerungen und notwendig werdende Doppeluntersuchungen entstehen. Hält er aber Rücksprache, entstehen zusätzliche Kosten durch sich ergebende Warte- bzw. Leerlaufzeiten. Die, dem dazu gerufenen Facharzt entstehenden, Opportunitätskosten, sind dabei noch nicht berücksichtigt. Bei der bisherigen personellen Zusammensetzungen und internen Organisation der Kliniken ist eine Ambulanzbesetzung ausschließlich mit Fachärzten nicht machbar und wegen der dort stattfindenden praktischen ärztlichen Weiterbildung auch nur bedingt wünschenswert.[203] Daher scheint es notwendig zu evaluieren, um welche, sich durch Rückfragen ergebende, durchschnittliche Wartezeitdauer es sich in den beiden beteiligten Kliniken handelt.

Um aufzuzeigen, wie stark **Verantwortungsübernahme und autonomes Handeln** von den bereits **geleisteten Berufsjahren** abhängen, wurde als eine weitere Erhebung ein Fragebogen an alle Ärzte der beiden Kliniken ausgegeben. In diesem Zusammenhang sind auch Lern- bzw. Erfahrungskurveneffekte enthalten, wonach im übertragenen Sinne eine Steigerung des Wissens zu sinkenden Kosten führt, da erfahrene Ärzte Patienten in kürzerer Zeit effektiver versorgen kön-

202 Vgl. Roeder, N., Hindle, D., Loskamp, N., u.a. (2003a), S. 25 und 26.
203 Gespräch mit Dr. Alfred Estelmann, Vorstand des Klinikums Nürnberg am 04.08.2008.

nen.[204] Interessanter in diesem Fall ist allerdings zu sehen wie sehr bzw. ob die Verantwortung und die Autonomie mit den Berufsjahren korreliert. Mit anderen Worten, wie sehr hängt eine anzunehmende Verantwortungszunahme und steigende Autonomie an den ärztlichen Berufsjahren oder an dem erreichten Arztstatus. Ähnliche Daten, auch aus anderen Bereichen, für einen möglichen Vergleich sind leider nicht verfügbar.[205]

5.2. Beispielprozess 1: Assistenzärzte-Fachärzte-Vergleich am Beispiel der laparoskopischen Cholezystektomie und der Tonsillektomie

5.2.1. Ermittlung der unterschiedlichen Schnitt-Naht-Zeiten

5.2.1.1. Methodik

Die Kennzahl **Schnitt-Naht-Zeit** wird auch als reine OP-Zeit bezeichnet. Sie beschreibt die Dauer einer Operation von Beginn des ersten Hautschnittes bis Ende der letzten Naht, auf volle Minuten gerundet.[206] Als rein chirurgisch determinierte Kennzahl ist sie gut dazu geeignet, einen Unterschied in der Dauer der Durchführung durch einen Assistenzarzt oder einen Facharzt aufzuzeigen.

Der Vergleich wurde bei der laparoskopischen Cholezystektomie in der Allgemeinen Chirurgie und der Tonsillektomie in der Hals-, Nasen-, Ohrenklinik durchgeführt. Diese Operationen gelten als häufig erbrachte Standardeingriffe.[207] Im Jahr 2006 beispielsweise lag die Cholezystektomie auf Rang sieben der 50 häufigsten Operationen in allen Krankenhäusern, die an der DRG-Vergütung teilnehmen, und die Tonsillektomie auf Rang 37.[208] Beide Operationen sind vom Schwierigkeitsgrad so, dass auch ein Assistenzarzt sie, unter Aufsicht, selbständig durchführen kann. Außerdem handelt es sich dabei meist um planbare Elektiveingriffe.[209]

---

204 Vgl. Hungenberg, H. (2004), S.191-194.

205 Emailaustausch mit Silvia Weber, Mitarbeiterin des Statistischen Bundesamtes Wiesbaden.

206 Vgl. Fischer, K., Endrich, B., Schleppers, A. (2002), S. 461 und 462.

207 Vgl. von Reibnitz, C., Hermanns, P. (o.J.), S. 14.

208 Vgl. Statistisches Bundesamt (2006a).

209 Vgl. Bauer, M., Hanss, R., Römer, T., u.a. (2007b), S. A3255 und Rücksprache mit den erlösmanagenden Oberärzten der Kliniken.

Als Betrachtungszeitraum wurde das gesamte Jahr 2007 gewählt. Über das ISOP®-OP-Programm Release 2.3.5 V0406, einem Modul des OP-Informationssystems des Medical Control Centers (MCC®), wurden alle in diesem Zeitraum durchgeführten Cholezystektomien mit dem OPS-Code (Operationen- und Prozedurenschlüssel) 5-511.11[210] bzw. alle Tonsillektomien mit dem OPS-Code 5-281.0[211] in einem Report erfasst. In Zusammenarbeit mit den erlösmanagenden Oberärzten der betreffenden Kliniken wurden die Namen der durchführenden ersten Operateure anonymisiert und nach dem jeweilig zugehörigen Arztstatus durch Assistenzarzt bzw. Facharzt ersetzt. Weitere Unterscheidungen nach dem jeweilig zugehörigen Arztstatus wurden nicht getroffen, so dass die Gruppe Fachärzte sowohl Fachärzte als auch Oberärzte und den Chefarzt beinhaltet. Die Operationen, bei denen zwei durchführende Operateure mit unterschiedlichem Arztstatus angegeben waren, wurden aus der Betrachtung herausgenommen, da eine eindeutige Zuordnung zu einer Arztgruppe nicht möglich war. Durch einen weiteren Report des ISOP®-OP-Programms wurden dann über das OP-Datum und den OPS-Code die zugehörigen Schnitt-Naht-Zeiten hinzu sortiert. Um nun auch noch die Fallschwere vergleichbar zu machen, wurden aus dem SAP-System alle Cholezystektomien im Jahr 2007 ermittelt, die mit der DRG H08B[212] bzw. alle Tonsillektomien, die mit der DRG D30B[213], abgerechnet wurden.

Über die identische Fallnummer entstanden nun zwei Listen, die in MS Excel® überführt wurden. Eine mit allen Cholezystektomien 5-511.11, die mit der DRG H08B abgerechnet wurden, mit der dazugehörigen SNZ und dem ersten Operateur, unterschieden zwischen Assistenzarzt bzw. Facharzt.[214] Eine weitere mit allen Tonsillektomien 5-281.0, die mit der DRG D30B abgerechnet wurden, mit der dazugehörigen SNZ und dem durchführenden Operateur.[215] Alle auffällig lang dauernden Operationen wurden durch zu Hilfenahme des OP-Berichts, gemeinsam mit einem Oberarzt, noch einmal genauer betrachtet. Bei einigen waren un-

[210] OPS-Code 5-511.11: Cholezystektomie, einfach, laparoskopisch, ohne Revision der Gallengänge.
[211] OPS-Code 5-281.0: Tonsillektomie, ohne Adenotomie, mit Dissektionstechnik.
[212] DRG H08B: Laparoskopische Cholezystektomie ohne sehr komplexe Diagnose, ohne komplizierende Diagnose.
[213] DRG D30B: Tonsillektomie außer bei bösartiger Neubildung oder verschiedene Eingriffe an Ohr, Nase, Mund und Hals ohne äußerst schwere CC (Comorbidity), ohne aufwendigen Eingriff.
[214] Siehe dazu auch Anhang S. 104-111.
[215] Siehe dazu auch Anhang S. 112-119.

vorhergesehene Komplikationen aufgetreten, manchmal musste der Operateur während des Eingriffs sogar gewechselt werden oder es gab keinen erkennbaren Grund für diese lange Dauer. Verlief eine, von einem Facharzt durchgeführte, Operation so, dass ein Assistenzarzt sie unter diesen Umständen nicht durchführen hätte können, wurden die dazugehörigen Daten aus der Betrachtung herausgenommen, da sie vom Schweregrad nicht vergleichbar sind. Operationen, die ohne erkennbaren Grund lange dauerten blieben in der Betrachtung erhalten. Die entstandenen finalen Tabellen wurden mit Hilfe von SPSS® 15.0 für Windows XP® ausgewertet.

5.2.1.2. Ergebnisse

Dabei ergaben sich folgende Ergebnisse (siehe auch Tab. 2). Es wurden 285 laparoskopische Cholezystektomien in der **Allgemeinen Chirurgie** näher betrachtet. Davon wurden 91 von Assistenzärzten und 194 von Fachärzten durchgeführt. Die Assistenzärzte benötigten für diesen Eingriff durchschnittlich 80,29 Minuten, während die Dauer bei den Fachärzten nur 65,54 Minuten betrug. Im Durchschnitt benötigten Assistenzärzte bei der Durchführung einer laparoskopischen Cholezystektomie folglich ca. **15 Minuten mehr**. Bei einem mit SPSS durchgeführten **Mittelwertvergleich** zeigte sich, dass es sich dabei um ein **hoch signifikantes Ergebnis** handelt. Die Signifikanz liegt bei $p<0,001$, somit ist die Wahrscheinlichkeit für die gefundenen unterschiedlichen Gruppenwerte geringer als 0,1%. Die Unterschiedlichkeit der Gruppenmittelwerte kann folglich nicht allein durch zufällige Stichprobenschwankungen erklärt werden.[216] Mit anderen Worten existiert ein aussagekräftiger Unterschied der Operationszeiten von Assistenzärzten und Fachärzten, der nicht zufällig ist. Betrachtet man die einzelnen errechneten Kennzahlen etwas genauer, liegen die Mittelwerte und der Median nicht sehr weit auseinander, was für wenige Ausreißer spricht. Auch die Standardabweichungen sind bei beiden Gruppen ungefähr gleich groß und liegen bei 23 bis 24 Minuten. Das bedeutet, dass die Abweichungen vom Mittelwert bei beiden Gruppen in ähnlich großem Bereich schwanken. Wie erwartet findet sich die kürzeste Schnitt-Naht-Zeit mit 26 Minuten in der Gruppe der Fachärzte, etwas überraschend ist allerdings, dass auch die längste Schnitt-Naht-Zeit mit 173 Minuten dort zu finden ist.

---

[216] Vgl. Geiser, C. (2003), S. 5.

Laparoskopische Cholezystektomie			
Anzahl:	AA: 91	FA: 194	Σ 285
Auswertung der S-N-Zeiten (in Minuten)			
	Assistenzärzte	Fachärzte	Total
Mittelwert	80,29	65,54	70,25
Median	80,00	64,50	
Standardabweichung	23,22	24,07	24,74
Minimum	32,00	26,00	
Maximum	147,00	173,00	

Tab. 2: Auswertung der Schnitt-Naht-Zeiten in der Allgemeinen Chirurgie[217]

Für die **H-N-O-Klinik** ergaben sich folgende Ergebnisse (siehe auch Tabelle 3). Es wurden 273 Tonsillektomien näher betrachtet. Davon wurden 200 von Assistenzärzten und 73 von Fachärzten durchgeführt. Die Assistenzärzte benötigten für diesen Eingriff durchschnittlich 27,87 Minuten, während die Fachärzte nur 21,79 Minuten gebraucht haben. Im Durchschnitt benötigten Assistenzärzte bei der Durchführung einer Tonsillektomie folglich ca. **6 Minuten mehr**. Bei dem mit SPSS durchgeführten **Mittelwertvergleich** zeigte sich, dass es sich auch dort um ein **hoch signifikantes Ergebnis** handelt. Die Signifikanz liegt hier bei p = 0,001, somit liegt die Wahrscheinlichkeit für die gefundenen unterschiedlichen Gruppenwerte bei 0,1%. Die Unterschiedlichkeit der Gruppenmittelwerte kann somit ebenfalls nicht allein durch zufällige Stichprobenschwankungen erklärt werden.[218] Mit anderen Worten existiert auch in der H-N-O-Klinik ein aussagekräftiger Unterschied der Operationszeiten von Assistenzärzten und Fachärzten, der nicht zufällig ist. Betrachtet man auch hier die einzelnen errechneten Kennzahlen etwas genauer, liegen die Mittelwerte und der Median zwar etwas weiter auseinander als in der Allgemeinen Chirurgie, jedoch ebenfalls noch sehr nah, was gleichermaßen für wenige Ausreißer spricht. Die Standardabweichung ist bei den Assistenzärzten mit ca. 14 Minuten etwas höher als bei den Fachärzten mit ungefähr zehn Minuten. Überraschenderweise findet man die kürzeste Schnitt-Naht-Zeit von zehn Minuten diesmal bei den Assistenzärzten, allerdings mit 83 Minuten auch die längste.

---

217 Quelle: Eigene Erhebungen in der Allgemeinen Chirurgie.
218 Vgl. Geiser, C. (2003), S. 5.

Tonsillektomie			
Anzahl:	AA: 200	FA: 73	Σ 273
Auswertung der S-N-Zeiten (in Minuten)			
	Assistenzärzte	Fachärzte	Total
Mittelwert	27,87	21,79	26,37
Median	25,00	19,00	
Standardabweichung	14,24	10,66	13,70
Minimum	10,00	11,00	
Maximum	83,00	73,00	

Tab. 3: Auswertung der Schnitt-Naht-Zeiten in der H-N-O-Klinik[219]

Die Analyse der Schnitt-Naht-Zeiten der beiden Beispieloperationen hat gezeigt, dass es signifikante Unterschiede in der durchschnittlichen Dauer einer OP gibt, je nachdem ob sie von einem Assistenzarzt oder von einem Facharzt vorgenommen wird. Allerdings handelt es sich bei den Ergebnissen der durchgeführten Studie um zwei verschiedene Kliniken und zwei sehr unterschiedliche Operationen, so dass es zunächst schwer erschien eine allgemein gültige Aussage daraus abzuleiten.

Bei der Untersuchung der prozentualen Anteile zeigte sich dann jedoch eine auffällige Gemeinsamkeit beider Ergebnisse. Für die laparoskopische Cholezystektomie wurde im Jahr 2007 eine Gesamt-OP-Zeit von 20.021 Minuten benötigt. 7.306 Minuten davon haben die Assistenzärzte als erster Operateur in Anspruch genommen und in den verbleibenden 12.715 Minuten war ein Facharzt als erster Operateur tätig. Setzt man die benötigte Zeit der Assistenzärzte zu der Gesamt-OP-Zeit ins Verhältnis (siehe Bsp. 1) und subtrahiert davon das Verhältnis der von Assistenzärzten durchgeführten OPs an der Gesamtzahl der OPs, erhält man einen Wert von 0,0456. Das bedeutet, dass Assistenzärzte einen zu ca. 5% höheren Anteil an der Gesamt-OP-Zeit haben als an der Gesamtanzahl der Operationen.

Beispiel 1: Allgemeine Chirurgie, laparoskopische Cholezystektomie:

$$\frac{7.306\,\text{min}}{20.021\,\text{min}} - \frac{91}{285} = 0{,}0456$$

219 Quelle: Eigene Erhebungen in der H-N-O-Klinik.

Eine sehr ähnliche Anteilsverschiebung zeigt sich auch in der H-N-O-Klinik. Subtrahiert man hier ebenfalls das Verhältnis an der Anzahl der Operationen von dem Verhältnis der benötigten Zeit (siehe Bsp. 2), erhält man einen Wert von 0,0464. Das bedeutet, dass auch in der H-N-O-Klinik bei dem Beispiel der Tonsillektomie die Assistenzärzte einen um ca. 5% höheren Anteil an der Gesamt-OP-Zeit hatten, als an der Gesamtanzahl der Operationen.

Beispiel 2: H-N-O-Klinik, Tonsillektomie:

$$\frac{5.609\,\text{min}}{7.200\,\text{min}} - \frac{200}{273} = 0,0464$$

Da diese errechneten Faktoren einen sehr ähnlichen Wert aufweisen, erscheint es interessant diese Beispiele in eine allgemeine Formulierung zur Berechnung des höheren Zeitaufwandes durch den Einsatz von Assistenzärzten zu überführen. Dazu müssen zunächst die einzelnen Faktoren allgemein gültig benannt werden:

Gesamtanzahl OPs	=	n
Anzahl OPs durchgeführt von Assistenzärzten	=	na
Anzahl OPs durchgeführt von Fachärzten	=	nf
Gesamt OP-Zeit	=	t
Gesamt OP-Zeit von Assistenzärzten	=	ta
Gesamt OP-Zeit von Fachärzten	=	tf
Durchschnittliche Zeit der Assistenzärzte	=	Øta
Durchschnittliche Zeit der Fachärzte	=	Øtf
Durchschnittliche Zeitdifferenz zwischen FA und AA	=	Øtdiff
Höherer gesamter Zeitaufwand der Assistenzärzte	=	>ta
Erhöhter Zeitbedarfsfaktor der Assistenzärzte	=	c

Von diesen Faktoren müssen mindestens drei gegeben sein. Die Gesamtanzahl der OPs sowie die Gesamt-OP-Zeit sollten dabei leicht heraus zu finden sein. Lediglich der dritte benötigte Faktor, wie z.B. die Anzahl der von Assistenzärzten durchgeführten OPs, stellt einen erhöhten Aufwand dar. Überführt man diese Faktoren nun in einen gemeinsamen allgemeinen Ausdruck, ergibt sich folgende Formel:

$\frac{ta}{t} - \frac{na}{n}$ = c (erhöhter Zeitbedarfsfaktor der Assistenzärzte)

umgestellt nach: ta = $\left(\frac{na}{n} + c\right) * t$

t - ta = tf sowie n – na = nf

$\frac{t - ta}{n - na}$ = Øtf sowie $\frac{ta}{na}$ = Øta

$\frac{t - ta}{n - na} - \frac{ta}{na}$ = Øtdiff daraus ergibt sich:

Øtdiff ∗ na ≙ höherem gesamtem Zeitaufwand der Assistenzärzte, in Minuten (>ta)

$$\left[\frac{t - \left(\frac{na}{n} + c\right) * t}{n - na} - \frac{\left(\frac{na}{n} + c\right) * t}{na}\right] * na => \text{ta}$$

Anhand dieser Formel lässt sich nun die gesamte zusätzlich benötigte Zeit für die beiden betrachteten Eingriffe durch den Einsatz von Assistenzärzten ausrechnen. Für den Eingriff der laparoskopischen Cholezystektomie sind folglich im Jahr 2007 1.341 Minuten OP-Zeit zusätzlich benötigt worden, dadurch dass neben den Fachärzten auch Assistenzärzte diesen Eingriff durchgeführt haben. Somit war der Op 22,35 Stunden länger belegt (siehe Rechnung in Bsp. 1).

Beispiel 1: Allgemeine Chirurgie, laparoskopische Cholezystektomie:

$$\left[\frac{20.021 - \left(\frac{91}{285} + 0{,}0456\right) * 20.021}{285 - 91} - \frac{\left(\frac{91}{285} + 0{,}0456\right) * 20.021}{91}\right] * 91 = 1.341\,\text{min}$$

Für den Eingriff der Tonsillektomie sind im Jahr 2007 1.248 Minuten OP-Zeit, ebenfalls aus Gründen der Weiterbildung, zusätzlich benötigt worden. Hier war der Op dadurch 20,80 Stunden länger belegt (siehe Rechnung in Bsp. 2).

Beispiel 2: H-N-O-Klinik, Tonsillektomie:

$$\left[\frac{7.200-\left(\frac{200}{273}+0{,}0464\right)*7.200}{273-200}-\frac{\left(\frac{200}{273}+0{,}0464\right)*7.200}{200}\right]*200=1.248\,\text{min}$$

5.2.1.3. Diskussion

Anhand der durchgeführten Beispielrechnungen lässt sich annehmen, dass der erhöhte Zeitbedarfsfaktor der Assistenzärzte **c ungefähr einen Wert von 0,046** hat. Wahrscheinlich handelt es sich bei diesem Faktor um einen **krankenhausspezifischen** Wert, in den klinikinterne Faktoren und Begebenheiten einfließen. Jedes Krankenhaus kann diesen Faktor mit den aufgezeigten Formeln und Abhängigkeiten relativ schnell und unkompliziert intern bestimmen. Es ist bemerkenswert, wie genau die erstellte Formel den Mehraufwand der Operationszeit durch Assistenzärzte ermittelt (siehe Rechnungen in Bsp. 1 und Bsp. 2). Da es sich hier allerdings nur um zwei Beispiele handelt, müsste nun in weiteren Untersuchungen bei anderen Operationen und in weiteren internen Kliniken überprüft werden, ob sich dieser Faktor bestätigt. Sollte dies der Fall sein, könnte jede Klinik, mit relativ geringem Aufwand an Hand der erstellten Formel, errechnen wie viel zusätzliche Zeit sie im OP-Bereich für die Durchführung der ärztlichen Weiterbildung benötigt. Bezug nehmend auf die vorliegenden Beispiele lässt sich für das Klinikum Nürnberg im Moment feststellen, dass sich die **Operationszeit durch die Durchführung ärztlicher Weiterbildung pro Eingriffsart um ca. 5% verlängert**. Dieser Wert deckt sich auch mit der Einschätzung von Dr. Dr. Günter Niklewski, Chefarzt der Klinik für Psychiatrie und Psychotherapie des Klinikums Nürnberg. Unabhängig vom Ergebnis der Untersuchung nach seiner Beurteilung gefragt, gab er an, dass Prozesszeiten bei Assistenzärzten geschätzt um ungefähr 5% länger seien, als bei erfahrenen Fachärzten.[220] Für die Operationszeitverlängerung einen **konstanten Wert** anzunehmen, scheint auch vor dem Hintergrund eines **kompetenzadäquaten Einsatzes** der Assistenzärzte plausibel. Es ist davon auszugehen, dass Assistenzärzte erst für eine Operation eingeteilt werden, wenn der leitende Oberarzt, der für die OP-Planung verantwortlich ist, das Gefühl hat, dass derjeni-

---

220 Gespräch mit Dr. Dr. Günter Niklewski, Chefarzt der Klinik für Psychiatrie und Psychotherapie am 12.09.2008.

ge sie in einem vertretbaren Zeitrahmen und mit ausreichender Kompetenz durchführen kann.[221]

Schlussendlich ist jede Operation eine neue Herausforderung für die durchführenden Ärzte. Jeder Patient ist anders und auch jeder Arzt bringt unterschiedliche, individuelle Voraussetzungen mit. Es lässt sich daher nicht ausschließen, dass auch ein Assistenzarzt eine Operation schneller durchführt als ein Facharzt. Um eine noch fundiertere Aussage zu treffen, müsste man die persönliche Entwicklung der Assistenzärzte dokumentieren.[222] Dies könnte durch Durchschnittswerte der Operationszeiten während der einzelnen Jahre, die er sich in Weiterbildung befindet, geschehen. Allerdings wäre diese Erhebung sehr zeitaufwendig und es ist fraglich, ob sie wesentlich andere Ergebnisse liefern würde. Bereits bei der durchgeführten Untersuchung zeigt sich im Mittelwertvergleich, dass es einen signifikanten Unterschied in der durchschnittlichen Operationszeit von Assistenzärzten und Fachärzten gibt.

Bei den näher betrachteten Operationen, der Tonsillektomie in der H-N-O-Klinik und der laparoskopischen Cholezystektomie in der Allgemeinen Chirurgie, handelt es sich um Operationen mit einer relativ kurzen Operationszeit. Außerdem zählen sie zu den leichteren Eingriffen, die ein Assistenzarzt mit etwas Übung alleine durchführen kann. Es ist daher davon auszugehen, dass bei selteneren und komplizierteren Fällen, der **erhöhte Zeitbedarf der Assistenzärzte noch weit größer ist, als die in den Beispielen** ermittelten sechs bzw. 15 Minuten. Prof. Dr. Viktor Bonkowsky, Chefarzt der HNO-Klinik des Klinikums Nürnberg, fällt dafür, während eines Gespräches über ärztliche Weiterbildung und der damit verbundenen verlängerten Operationszeiten, sofort ein Beispiel ein: „Neulich habe ich bei einem Patienten eine Korrektur der Nasenscheidewand vorgenommen, das hat 20 Minuten gedauert. Im Operationssaal nebenan hat ein Assistenzarzt den gleichen Eingriff durchgeführt und dafür zwei Stunden gebraucht.“[223]

Die ermittelten Ergebnisse beziehen sich auf **sehr authentische Daten**, da die Schnitt-Naht-Zeiten rückwirkend vom vergangenen Jahr analysiert wurden. Sie

---

221 Gespräch mit Dr. Peter Meinl, Leitender Oberarzt der Klinik für Allgemein-, Viszeral- und Thoraxchirurgie am 12.03.2008.

222 Vgl. Dubach, P., Spycher, S. (2006), S. 14.

223 Gespräch mit Prof. Dr. Viktor Bonkowsky, Chefarzt der HNO-Klinik am 08.10.2008.

konnten von den beteiligten Ärzten in keiner Weise beeinflusst werden, denn zum Zeitpunkt ihrer Dokumentation war deren spätere Verwendung noch nicht bekannt. Allerdings drücken die ermittelten Werte der OP-Zeitverlängerung durch Assistenzärzte noch nicht den kompletten zusätzlichen Aufwand der ärztlichen Weiterbildung im Op aus. Die Ergebnisse lassen z.B. keine Aussage darüber zu, wie sehr auch die **Operationszeiten der Fachärzte** dadurch **verlängert** sind, dass sie von einem unerfahrenen Kollegen bei der Operation assistiert bekommen und während des Eingriffs diesem ihre Vorgehensweise erläutern. Um auch die dadurch entstehenden verlängerten Operationszeiten aufzuzeigen, müssten die Schnitt-Naht-Zeiten der Fachärzte der Allgemeinen Chirurgie des Klinikums Nürnberg, mit den Schnitt-Naht-Zeiten einer ähnlich großen Allgemeinen Chirurgie eines Krankenhauses verglichen werden, das keine ärztliche Weiterbildung durchführt.[224] In weiterbildenden Krankenhäusern sind folglich nicht nur die Operationszeiten verlängert. Zumeist werden auch Fachärzte der Anästhesiologie angelernt, wodurch auch die **Narkoseein- und -ausleitung verlängert** ist[225] (siehe Abbildung 4).

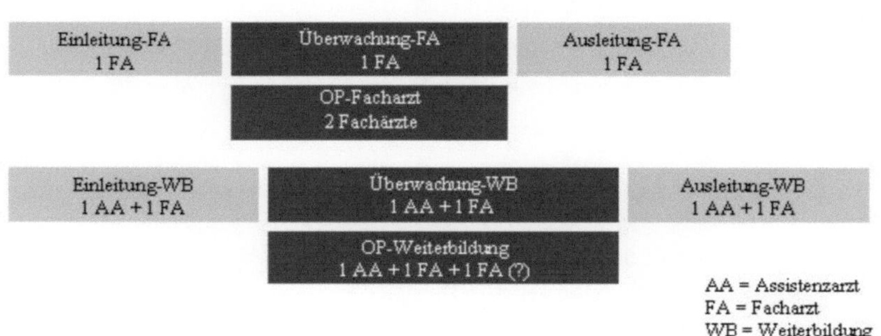

Abb. 4: Kosten der ärztlichen Weiterbildung im OP-Bereich[226]

Allerdings zeigt bereits der signifikante Unterschied der durchschnittlichen Operationszeiten der untersuchten Beispieleingriffe, dass durch die Durchführung der ärztlichen Weiterbildung zusätzliche Kosten, in Form von verlängerten Operati-

224 Gespräch mit Dr. Alfred Estelmann, Vorstand des Klinikums Nürnberg am 04.08.2008.

225 Vgl. Bauer, M., Hanss, R., Römer, T., u.a. (2007a), S. 328 und Bauer, M., Hanss, R., Römer, T., u.a. (2007b), S. 3254.

226 Quelle: Eigene Darstellung in Anlehnung an Roeder, N. (2008), Folie 23.

onszeiten, entstehen. In einem nächsten Schritt mussten diese nun mit Zahlenwerten konkretisiert werden. Dabei waren noch weitere, die ärztliche Weiterbildung zusätzlich verteuernde, Faktoren zu berücksichtigen. Denn auch die Tatsache, dass bei Operationen die ein Facharzt alleine ausführen kann, jedoch bei der Durchführung durch einen Assistenzarzt für die gleiche Operation zwei Operateure anwesend sein müssen[227], schlägt sich in den ermittelten Zeiten zunächst nicht nieder (siehe Abbildung 4 unten).[228] Für die Kalkulation der durch Weiterbildung entstehenden Mehrkosten, muss dieser **Gleichzeitigkeitsfaktor** im Personaleinsatz unbedingt berücksichtigt werden.

5.2.2. Ermittlung der Mehrkosten im Op durch ärztliche Weiterbildung

5.2.2.1. Methodik

Die Ermittlung der Kostendaten fand in enger Zusammenarbeit mit dem Controlling des Klinikums Nürnberg statt. Zunächst wurden für die H-N-O-Klinik und die Allgemeine Chirurgie die **Gesamtistkosten des OP-Bereichs** des Jahres 2007 ermittelt. Dazu wurden im SAP-CO, dem Controllingprogramm von SAP, über die Kostenträgerrechnung die benötigten Daten für die einzelnen Bereiche berechnet. Sie setzen sich zusammen aus den Personalkosten, den Kosten für den Medizinischen Bedarf sowie sonstigem Bedarf. Anschließend wurden die **gesamten Schnitt-Naht-Minuten** desselben Jahres für diese Kliniken summiert, um die Kosten damit ins Verhältnis setzen zu können. Diese Zeiten stammen aus dem OPD (Operationsdokumentationssystem) des Medical Control Centers (MCC®) der Firma Meierhofer. Mit diesen Daten konnten die durchschnittlichen Kosten pro OP-Minute für beide Kliniken ermittelt werden. Zur besseren Einordnung der Schnitt-Naht-Zeiten der Beispieloperationen, wurden ebenso deren Extrema wie auch die Bereiche der gesamten Schnitt-Naht-Zeiten herausgesucht.

Über die Kostenrechnung werden die ärztlichen Kosten jeder Abteilung auf die verschiedenen Leistungsbereiche nach Leistungsdaten bzw. Angaben der Kliniken

---

227 Vgl. Wienke, A. (2002), S. 462.

228 Gespräch mit Dr. Alfred Estelmann, Vorstand des Klinikums Nürnberg und Prof. Dr. Viktor Bonkowsky, Chefarzt der HNO-Klinik am 08.10.2008.

über den realen Personaleinsatz aufgeteilt.[229] Somit war es möglich auch die unterschiedliche Gewichtung bzw. die Schwerpunkte der Personalverteilung der Bereiche in Prozent zu veranschaulichen. Um die **durchschnittlichen Arztkosten der Kliniken** zu erfahren, wurden ebenfalls im SAP-CO die gesamten Personalkosten des ärztlichen Dienstes des Jahres 2007 summiert, durch zwölf Monate geteilt und dann durch die den Kliniken zugeordneten Vollkraftstellen dividiert. Die Werte sind bei beiden betrachteten Kliniken sehr ähnlich, auch wenn deren Organisationsstruktur sehr unterschiedlich ist. In der H-N-O-Klinik sind alle Stellen voll besetzt, es werden daher keine Überstunden ausbezahlt. In der Allgemeinen Chirurgie sind nicht alle Stellen voll besetzt, dafür verdienen die einzelnen Ärzte durch Überstundenvergütung etwas mehr, in den Durchschnittskosten des ärztlichen Dienstes liegen die Kliniken allerdings wieder sehr nah beieinander.

Die meisten Rechnungen ließen sich bereits mit den oben beschriebenen Daten durchführen. Um nun auch für die verschiedenen OP-Konstellationen Aussagen über die entstehenden Arztkosten machen zu können, wurden für die verschiedenen Arztgruppen Durchschnittskosten ermittelt. Dafür wurden in jeder Klinik pro Arztgruppe jeweils drei Ärzte, die das ganze Jahr 2007 den gleichen Arztstatus hatten, exemplarisch näher betrachtet. Über die Personalverwaltung wurden die Personalkosten[230] dieser Ärzte für jeweils drei Monate zur Ansicht bereitgestellt. Damit konnte dann pro Arzt ein Durchschnittskostensatz pro Monat ermittelt werden. Anschließend wurden diese drei durchschnittlichen Monatskosten wiederum zu einem Durchschnittskostensatz pro Arztgruppe pro Monat zusammengefasst, so dass schließlich für jede Klinik ein **durchschnittlicher Arztkostensatz pro Arztgruppe pro Monat** für weitere Kalkulationen zur Verfügung stand. Zusätzlich wurden für die weiteren Berechnungen die bereits in Kapitel 5.2.1.2 ermittelten Ergebnisse verwendet.

---

229 Gespräch mit Jutta Möllmer, Controllerin aus dem Bereich des Dezentralen Controllings und Ressourcensteuerung des Klinikums Nürnberg, am 23.10.2008.

230 In diesen Personalkosten der Ärzte sind alle dem Klinikum Nürnberg durch die Beschäftigung entstehende Kosten enthalten, wie z.B. Grundentgelt, Zuschläge, Sozialversicherungsabgaben, Steuern, Überstundenvergütung und die Altersversorgung.

5.2.2.2. Ergebnisse

Für die **H-N-O-Klinik** haben sich dabei folgende Werte ergeben. Die kumulierten Kosten des OP-Bereichs beliefen sich im Jahr 2007 auf 634.300€ und die Summe der Schnitt-Naht-Zeiten ergab 168.331 Minuten.

Dadurch ergibt sich für die durchschnittlichen Kosten einer OP-Minute in der H-N-O-Klinik: 634.300€/168.331min = 3,77€/min. Zu diesem Wert müssen noch die durchschnittlichen Kosten einer Anästhesieminute hinzugezählt werden. Diese belaufen sich bei Krankenhäusern mit mehr als 1.000 Betten auf ungefähr 5,19€/min.[231] Insgesamt kommt die H-N-O-Klinik daher auf **durchschnittliche Kosten pro OP-Minute von 8,96€.**

Für die Beispieloperation der Tonsillektomie und die von den Assistenzärzten verursachte verlängerte OP-Dauer um sechs Minuten bedeutet dies, dass im Durchschnitt **pro Tonsillektomie, die ein Assistenzarzt durchführt, Mehrkosten von 53,76€** entstehen. Führt man dieses Beispiel weiter und berücksichtigt, dass während der fünfjährigen Weiterbildung zum Facharzt für Hals-, Nasen-, Ohrenheilkunde 50 Tonsillektomien von jedem Assistenzarzt durchgeführt werden müssen[232], was ca. zehn pro Jahr entspricht, wären das allein für die Tonsillektomien pro Jahr und Assistenzarzt 537,60€ an Mehrkosten durch verlängerte Operationszeiten. **In den fünf Jahren der gesamten Weiterbildung entstehen somit Mehrkosten von 2.688€ für diese Eingriffsart**.

Summiert man nun die, durch die Weiterbildungsordnung vorgeschriebenen und in den Richtlinien über den Inhalt der Weiterbildung festgelegten, Mindestanzahlen der verschiedenen Operationen, die zum Erwerb des Facharztes für Hals-, Nasen-, Ohrenheilkunde nachzuweisen sind, kommt man auf insgesamt 370 Operationen, die von den Assistenzärzten selbst durchgeführt werden und 100 Operationen mit höherem Schwierigkeitsgrad, bei denen sie mitwirken müssen. Dies macht ca. 74 Operationen pro Jahr, die ein Assistenzarzt in der H-N-O-Klinik als erster Operateur selbst durchführen muss. Überträgt man nun die berechneten Mehrkosten auf alle Operationen und geht davon aus, dass auch diese mindestens um sechs Minuten verlängert sind, ergeben sich pro Jahr, pro Assistenzarzt Mehr-

[231] Vgl. Berry, M., Martin, J., Geldner, G., u.a. (2007), S. 142.
[232] Vgl. Richtlinien über den Inhalt der Weiterbildung (2007) 6.1.

kosten von ungefähr **4.000€**[233] **im OP-Bereich** durch verlängerte Operationszeiten. Bei diesem Wert handelt es sich um einen vorsichtig gerechneten unteren Wert, denn bei der Tonsillektomie handelt es sich um einen einfachen, kurzen Eingriff, was auch der Vergleich mit den Schwankungen der Schnitt-Naht-Zeiten verdeutlicht. Die Schnitt-Naht-Zeiten der Tonsillektomie lagen im Jahr 2007 im Bereich von zehn bis 71 Minuten. Betrachtet man nun die gesamten Schnitt-Naht-Zeiten der H-N-O-Klinik vom Jahr 2007 ergeben sich Operationszeitunterschiede von einer Minute bis zu 436 Minuten. Daher ist davon auszugehen, dass die der Hochrechnung zu Grunde gelegten sechs-minütige Operationszeitverlängerungen einen unterschätzten Wert darstellt. Zudem macht der OP-Bereich in der H-N-O-Klinik nur 27,7% der Gesamtkosten aus. Das wiederum bedeutet, dass die durch die ärztliche Weiterbildung entstehenden Mehrkosten in anderen Bereichen noch hinzu gezählt werden müssen und somit eine Summe von ca. **15.000€ Mehrkosten pro Assistenzarzt, pro Jahr** durchaus realistisch erscheint.[234]

Bei der Betrachtung der Tonsillektomie lässt sich noch ein weiterer interessanter Aspekt aufzeigen. Das Klinikum Nürnberg bekam im Jahr 2007 für eine Tonsillektomie, die innerhalb der durchschnittlichen Verweildauer behandelt wurde, **2.157,25€ vergütet.**[235] Geht man für Krankenhäuser von einer durchschnittlichen Umsatzrendite von ca. 2% aus[236], könnte das Klinikum, mit diesem Eingriff ungefähr **43,15€ Gewinn** erwirtschaften. Durch die Durchführung ärztlicher Weiterbildung und eine sich daraus ergebende Operationszeitverlängerung von **sechs Minuten, die Mehrkosten von 53,76€** produziert, geht dieser Gewinn verloren und kann sogar zu einem Verlust werden.[237]

In der H-N-O-Klinik werden fachlich bedingt viele operative Eingriffe nur von einem Operateur durchgeführt. Handelt es sich bei dem Operateur um einen Assistenzarzt muss dabei allerdings immer zusätzlich ein Facharzt anwesend sein, um diesen anzuleiten, zu helfen und bei Komplikationen einzugreifen. Um als nächsten Schritt auch aufzuzeigen, wie viel Mehrkosten durch diesen erhöhten

---

233 53,76€ * 370 Operationen = 19.891,20€, 19.891,20€ / 5 Jahre = 3.978,24€/Jahr.

234 Erste Schätzung der ärztlichen Weiterbildungskosten von Dr. Alfred Estelmann, Vorstand des Klinikums Nürnberg am 04.08.2008.

235 Gespräch mit Dr. Christoph Wittmann, Stellvertretender Leiter der Medizinökonomie des Klinikums Nürnberg, am 08.10.2008.

236 Vgl. Augurzky, B., Budde, R., Krolop, S., u.a. (2008), S. 16.

237 Vgl. Deutscher Ärztetag (109.) am 23. bis 26.05.2006.

Personalbedarf entstehen, wurden zunächst die Durchschnittskosten pro Arztgruppe ermittelt. Dabei ergaben sich die folgenden Werte: ein Assistenzarzt in der H-N-O-Klinik kostet das Klinikum Nürnberg pro Monat im Durchschnitt 4.500€, ein Facharzt 6.500€ und ein Oberarzt 10.000€. Insgesamt belaufen sich die durchschnittlichen Kosten pro Arzt in der H-N-O-Klinik auf 6.877,23€ pro Monat. Um zu bestimmen welchen Kosten pro Minute dies entspricht, wurden 8.800 Arbeitsminuten pro Monat[238] zu Grunde gelegt. Für die **Assistenzärzte** ergab sich dabei ein Wert von **0,54€/min**, für die Fachärzte einer von 0,76€/min und für die Oberärzte einer von 1,14€/min. Da bei dem Vergleich der Schnitt-Naht-Zeiten nur zwischen Assistenzärzten und Fachärzten unterschieden wurde, musste als nächstes ein gemeinsamer Wert für die Fach- und Oberärzte berechnet werden. Da zu der Zeit der Datenermittlung in der H-N-O-Klinik sechs Oberärzte und zwei Fachärzte beschäftigt waren, ergaben sich als **gemeinsamer Wert Kosten von 1,045€/min.**[239]

Mit diesen Ergebnissen ist es möglich, die verschiedenen Operationskonstellationen in der H-N-O-Klinik mit Personalkosten zu belegen und zu vergleichen. Es ergeben sich dabei vier verschiedene Möglichkeiten, denn bei der Tonsillektomie handelt es sich um eine Operation, die von nur einem Operateur durchgeführt wird. Die 4. theoretische Möglichkeit, dass ein Assistenzarzt allein operiert, ist der Vollständigkeit wegen mit aufgenommen worden. Ganz allein wird ein Assistenzarzt bei einer Operation dennoch nie sein. Selbst bei einem in der Weiterbildung weit fortgeschrittenen Assistenzarzt, muss ein Facharzt in der Nähe sein und zumindest zum Ende der Operation dazu kommen und deren Erfolg prüfen.

1. **ein Facharzt führt die Operation alleine durch:**
   benötigte durchschnittliche Zeit: 21,79 Minuten
   Personalkosten Arzt: 21,79min * 1,045€/min = **22,77€**
2. **ein Facharzt führt die Operation durch, ein Assistenzarzt ist als Beobachter dabei:**
   benötigte durchschnittliche Zeit: 21,79 Minuten

[238] Diese errechnen sich wie folgt: 365 Tage – 104 freie Tage – 11 Feiertage – 30 Tage Urlaub = 220 Arbeitstage, 8 Arbeitsstunden pro Tag = 1760 Arbeitsstunden pro Jahr, entsprechen 146,67 Arbeitsstunden pro Monat, entsprechen 8.800 Arbeitsminuten pro Monat. Unberücksichtigt bleiben dabei Krankheitstage sowie geleistete Überstunden.

[239] (1,14 * 6 + 0,76 * 2) / 8 = 1,045.

Personalkosten Ärzte: 21,79min * 1,045€/min + 21,79min * 0,54€/min = **34,54€**

3. **ein Assistenzarzt führt die Operation durch, ein Facharzt ist als Weiterbilder dabei:**
   benötigte durchschnittliche Zeit: 27,87 Minuten
   Personalkosten Ärzte: 27,87min * 0,54€/min + 27,87min * 1,045€/min = **44,17€**
4. **ein Assistenzarzt führt die Operation alleine durch:**
   benötigte durchschnittliche Zeit: 27,87 Minuten
   Personalkosten Arzt: 27,87min * 0,54€/min = **15,05€**

Für die **Allgemeine Chirurgie** haben sich folgende Werte ergeben. Die kumulierten Kosten des OP-Bereichs beliefen sich dort im Jahr 2007 auf 2.677.300€ und die Summe der Schnitt-Naht-Zeiten ergab 425.357 Minuten.

Dadurch ergibt sich für die durchschnittlichen Kosten einer OP-Minute in der Allgemeinen Chirurgie: 2.677.300€/425.357min = 6,29€/min. Zu diesem Wert müssen ebenfalls noch die durchschnittlichen Kosten einer Anästhesieminute hinzugezählt werden. Diese belaufen sich bei Krankenhäusern mit mehr als 1.000 Betten auf ungefähr 5,19€/min.[240] Insgesamt kommt die Allgemeine Chirurgie daher auf **durchschnittliche Kosten pro OP-Minute von 11,48€.**

Für die Beispieloperation der laparoskopischen Cholezystektomie und die von den Assistenzärzten verursachte verlängerte OP-Dauer um 15 Minuten bedeutet dies, dass im Durchschnitt **pro laparoskopischer Cholezystektomie, die ein Assistenzarzt durchführt, Mehrkosten von 172,20€** entstehen. Führt man dieses Beispiel weiter und berücksichtigt, dass während der sechsjährigen Weiterbildung zum Facharzt für Allgemeine Chirurgie 25 Cholezystektomien von jedem Assistenzarzt durchgeführt werden müssen[241], was ca. vier pro Jahr entspricht, wären das allein für die Cholezystektomien pro Jahr und Assistenzarzt 688,80€ an Mehrkosten durch verlängerte Operationszeiten. **In den sechs Jahren der gesamten Weiterbildung würden sich damit die Mehrkosten auf ca. 4.300€ für diese Eingriffsart belaufen.**

---

240 Vgl. Berry, M., Martin, J., Geldner, G., u.a. (2007), S. 142.

241 Vgl. Richtlinien über den Inhalt der Weiterbildung (2007) 4.1.

Summiert man nun die durch die Weiterbildungsordnung vorgeschriebenen und in den Richtlinien über den Inhalt der Weiterbildung festgelegten, Mindestanzahlen der verschiedenen Operationen, die zum Erwerb des Facharztes für Allgemein Chirurgie nachzuweisen sind, kommt man auf insgesamt 435 Operationen, die von den Assistenzärzten selbst durchgeführt werden und 25 Operationen mit höherem Schwierigkeitsgrad, bei denen sie mitwirken müssen. Dies macht ca. 73 Operationen pro Jahr, die ein Assistenzarzt in der Allgemeinen Chirurgie als erster Operateur selbst durchführen muss. Überträgt man nun die berechneten Mehrkosten auf alle Operationen und geht davon aus, dass auch diese mindestens um 15 Minuten verlängert sind, ergeben sich pro Jahr, pro Assistenzarzt Mehrkosten von ungefähr **12.500€**[242] **im OP-Bereich** durch verlängerte Operationszeiten. Bei diesem Wert handelt es sich um einen vorsichtig gerechneten unteren Wert, denn die laparoskopische Cholezystektomie ist ein einfacher, kurzer Eingriff, was auch der Vergleich mit den Schwankungen der Schnitt-Naht-Zeiten verdeutlicht. Die Schnitt-Naht-Zeiten der laparoskopischen Cholezystektomie lagen im Jahr 2007 im Bereich von 26 bis 173 Minuten. Betrachtet man nun die gesamten Schnitt-Naht-Zeiten der Allgemeinen Chirurgie vom Jahr 2007 ergeben sich Operationszeitunterschiede von einer Minute bis zu 634 Minuten. Daher ist davon auszugehen, dass die der Hochrechnung zu Grunde gelegte 15 minütige Operationszeitverlängerung einen unterschätzten Wert darstellt. Zudem macht der OP-Bereich in der Allgemeinen Chirurgie mit 37,72% der Gesamtkosten zwar schon einen größeren Teil aus, als in der H-N-O-Klinik, es kommen jedoch auch hier noch weitere, durch die ärztliche Weiterbildung entstehenden Mehrkosten in anderen Bereichen hinzu. Somit erscheint auch nach dieser Beispielrechnung eine Summe von **15.000€ bis sogar 20.000€ an Mehrkosten pro Assistenzarzt, pro Jahr** durchaus realistisch.[243]

Bei der Betrachtung der laparoskopischen Cholezystektomie lässt sich ebenfalls noch ein weiterer interessanter Aspekt aufzeigen. Das Klinikum Nürnberg bekam im Jahr 2007 für eine durchgeführte laparoskopische Cholezystektomie, die innerhalb der durchschnittlichen Verweildauer behandelt wurde, **2.662,94€ vergü-**

242 172,20€ * 435 Operationen = 74.907€, 74.907€ / 6 Jahre = 12.484,50€/Jahr.

243 Erste Schätzung der ärztlichen Weiterbildungskosten von Dr. Alfred Estelmann, Vorstand des Klinikums Nürnberg am 04.08.2008.

tet.[244] Geht man wieder für Krankenhäuser von einer durchschnittlichen Umsatzrendite von ca. 2% aus[245], könnte das Klinikum, mit diesem Eingriff ungefähr **53,26€ Gewinn** erwirtschaften. Durch die Durchführung ärztlicher Weiterbildung und eine sich daraus ergebende Operationszeitverlängerung von **15 Minuten, die Mehrkosten von 172,20€** produziert, geht der Gewinn verloren und kann ebenfalls sogar zu einem Verlust werden.[246]

Bei Operationen in der Allgemeinen Chirurgie sind immer zwei Ärzte beteiligt. Insofern entstehen dort durch die ärztliche Weiterbildung keine Mehrkosten in Bezug auf zusätzlich benötigte Ärzte. Um als nächsten Schritt aufzuzeigen, wie viel Mehrkosten dadurch entstehen, dass einer der Operateure ein Assistenzarzt ist, der für den Eingriff mehr Zeit benötigt, wurden ebenfalls zunächst die Durchschnittskosten pro Arztgruppe ermittelt. Dabei ergaben sich die folgenden Werte: ein Assistenzarzt in der Allgemeinen Chirurgie kostet das Klinikum Nürnberg pro Monat im Durchschnitt 5.500€, ein Facharzt 6.500€ und ein Oberarzt 10.000€. Insgesamt belaufen sich die durchschnittlichen Kosten pro Arzt in der Allgemeinen Chirurgie auf 6.528,47€ pro Monat. Um zu bestimmen, wie hoch die Kosten pro Minute sind, wurden ebenfalls wieder 8.800 Arbeitsminuten pro Monat zu Grunde gelegt. Für die **Assistenzärzte** ergab sich dabei ein Wert von **0,68€/min**, für die Fachärzte einer von 0,77€/min und für die Oberärzte einer von 1,16€/min. Da bei dem Vergleich der Schnitt-Naht-Zeiten nur zwischen Assistenzärzten und Fachärzten unterschieden wurde, musste auch hier als nächstes ein gemeinsamer Wert für die Fach- und Oberärzte berechnet werden. Da zu der Zeit der Datenermittlung in der Allgemeinen Chirurgie neun Oberärzte und acht Fachärzte beschäftigt waren, ergaben sich als **gemeinsamer Wert Kosten von 0,98€/min**.[247]

Mit diesen Ergebnissen ist es wiederum möglich die verschiedenen Operationskonstellationen in der Allgemeinen Chirurgie mit Personalkosten zu belegen und zu vergleichen. Es ergeben sich dabei drei verschiedene Möglichkeiten, die Situation, dass zwei Assistenzärzte zusammen eine Operation durchführen, fällt aus rechtlichen Gründen weg.

---

244 Gespräch mit Dr. Christoph Wittmann, Stellvertretender Leiter der Medizinökonomie des Klinikums Nürnberg, am 08.10.2008.

245 Vgl. Augurzky, B., Budde, R., Krolop, S., u.a. (2008), S. 16.

246 Vgl. Deutscher Ärztetag (109.) am 23. bis 26.05.2006.

247 (1,16 * 9 + 0,77 * 8) / 17 = 0,98.

1. **durchführender 1. Operateur ist ein Facharzt, assistierender 2. Operateur ist ein Assistenzarzt:**
   benötigte durchschnittliche Zeit: 65,54 Minuten
   Personalkosten Ärzte: 65,54min * 0,98€/min + 65,54min * 0,68 = **108,80€**
2. **durchführender 1. Operateur ist ein Assistenzarzt, assistierender 2. Operateur ist ein Facharzt:**
   benötigte durchschnittliche Zeit: 80,29 Minuten
   Personalkosten Ärzte: 80,29min * 0,98€/min + 80,29min * 0,68€/min = **133,28€**
3. **durchführender 1. Operateur ist ein Facharzt, assistierender 2. Operateur ist ein Facharzt:**
   benötigte durchschnittliche Zeit: 65,54 Minuten
   Personalkosten Ärzte: 65,54min * 0,98€/min * 2 = **128,46€**

Für das Jahr 2007 bedeutet dies: 91 laparoskopische Cholezystektomien wurden in diesem Zeitraum von Assistenzärzten durchgeführt. Dabei hat ihnen immer ein Facharzt zur Unterstützung zur Seite gestanden und somit sind dafür ärztliche Personalkosten in Höhe von 12.128,48€ entstanden. 194 laparoskopische Cholezystektomien wurden von Fachärzten durchgeführt. Davon ausgehend, dass ihnen dabei immer von einem Assistenzarzt assistiert wurde, ergeben sich dafür ärztliche Personalkosten in Höhe von 21.107,20€. Hier zeigt sich wieder die Anteilsverschiebung von 4,56%. Dadurch, dass Weiterbildung durchgeführt wurde sind insgesamt ärztliche Personalkosten von 33.235,68€ entstanden. Ohne Assistenzärzte hätten die 285 laparoskopischen Cholezystektomien für Personalkosten in Höhe von 31.008€ durchgeführt werden können.

Zusammenfassend lässt sich feststellen, dass die ärztliche Weiterbildung pro Jahr und Assistenzarzt das Klinikum ca. 15.000€ zusätzlich kostet. Da sich ca. 400 Ärzte in der Weiterbildung befinden ergibt das für das Klinikum Nürnberg eine zusätzliche Belastung in Höhe von 6.000.000€. Bei einem Gesamtumsatz von ca.

300.000.000€ im Jahr[248], schmälert die Durchführung der ärztlichen Weiterbildung den Gewinn des Klinikums somit um 2%.

5.2.2.3. Diskussion

Die errechneten Kosten pro OP-Minute, für die H-N-O-Klinik von 8,96€/min und für die Allgemeine Chirurgie von 11,48€/min, decken sich mit allgemeinen Aussagen zu den Kosten einer OP-Minute. Dabei werden für Hochrechnungen zumeist Werte zwischen zehn und zwölf Euro angenommen.[249] Dies unterstützt die Aussagekraft der darauf aufbauenden Ergebnisse.

Die zusätzlichen Kosten im OP-Bereich, durch eine OP-Zeitverlängerung zu messen, hat sich durch eine bereits existierende Dokumentation der Schnitt-Naht-Zeiten als relativ leicht umsetzbar erwiesen. In anderen Kostenbereichen lassen sich die zusätzlich entstehenden Kosten durch die Durchführung ärztlicher Weiterbildung schwieriger messen, dennoch ist davon auszugehen, dass Werte von 15.000€ pro Assistenzarzt pro Jahr nicht zu hoch gegriffen sind. Zu den hochgerechneten 12.500€ in der Allgemeinen Chirurgie kommen noch Bereiche wie die Ambulanz und dort vermehrt durchgeführte Diagnostik, durch einen Assistenzarzt als aufnehmenden Arzt. Ebenso sind interne Schulungen und Unterweisungen noch in keiner Form berücksichtigt. Die näher untersuchten Beispieloperationen lassen erste Dimensionen erkennen und machen deutlich welche großen monetären Auswirkungen eine Operationszeitverlängerung von nur 15 Minuten haben kann.

Die Tonsillektomie kann, wenn man die unterschiedlichen Operationskonstellationen betrachtet, 15,05€ bis 44,17€ an reinen Arztkosten verursachen. Auf den ersten Blick mag es günstig erscheinen die Assistenzärzte die Operation durchführen zu lassen, da sie trotz längerer Operationszeit, wegen ihres geringeren Gehalts die Operation kostengünstiger erbringen. Trotz aller Sorgfalt bei der Ermittlung der Daten konnte dort nicht berücksichtigt werden, dass auch wenn ein Assistenzarzt die Operation selbst durchführt, zum einen ein Facharzt immer in der Nähe sein muss und zum anderen ein solcher auf jeden Fall zum Ende der Operation dazu-

[248] Gespräch mit Dr. Alfred Estelmann, Vorstand des Klinikums Nürnberg am 08.10.2008.
[249] Vgl. Brökelmann, J. (2005).

kommt, um deren Erfolg zu beurteilen.[250] Leider lies sich ebenfalls nicht ermitteln wie häufig welche Konstellationen tatsächlich vorkommen. Sicher ist aber, dass die Phase in der ein Assistenzarzt 2. Operateur ist, also die Operation beobachtet und auch während der selbständigen Durchführung dieser durchgängig von einem Facharzt unterstützt wird, sehr viel länger ist, als die Phase des 1. Operateurs, in der nur gegen Ende der Operation ein Facharzt das Ergebnis beurteilt[251] (siehe Abbildung 5). Daher erweist sich der erste Eindruck einer kostengünstigeren Operationsdurchführung durch einen Assistenzarzt als nicht haltbar.

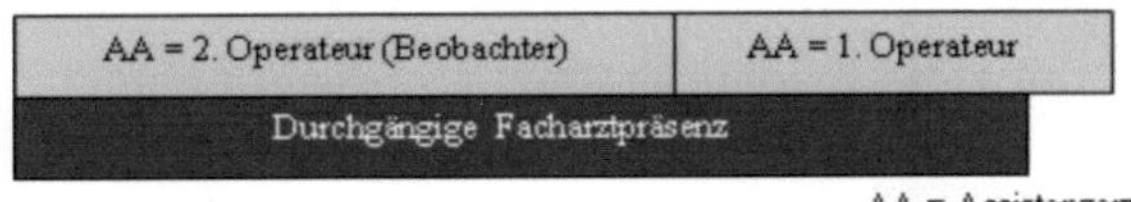

Abb. 5: OP-Phasen eines Assistenzarztes bei Operationen mit nur einem Operateur[252]

Ebenfalls fraglich ist, ob die Operationszeit der Fachärzte, wenn sie die Operation alleine durchführen, wirklich genau die gleiche Dauer hat, als wenn sie diese durchführen und dabei einem Assistenzarzt ihr Vorgehen erläutern. Es ist anzunehmen, dass ein Facharzt, wenn er den Eingriff allein durchführt noch schneller vorgehen kann.[253]

In der Allgemeinen Chirurgie ist die Vergleichbarkeit der verschiedenen Operationskonstellationen etwas einfacher, da für die Durchführung einer laparoskopischen Cholezystektomie immer zwei Ärzte benötigt werden. Da zwei Assistenzärzte nicht zusammen operieren dürfen, bleiben nur drei verschiedene Konstellationen. Der Fall, dass zwei Fachärzte zusammen operieren wird eher selten vorkommen. Dies ist nur bei schwierigeren Operationen üblich.[254] Das bedeutet, dass eine Klinik, die keine Weiterbildung durchführt und somit nur Fachärzte beschäftigt, für solche einfachen Operationen auf günstigeres Personal zum Assistieren

[250] Gespräch mit Prof. Dr. Viktor Bonkowsky, Chefarzt der HNO-Klinik am 08.10.2008.
[251] Vgl. Achterhold, G. (2005).
[252] Quelle: Eigene Darstellung in Bezugnahme auf das Gespräch mit Dr. Alfred Estelmann, Vorstand des Klinikums Nürnberg am 12.09.2008.
[253] Vgl. Dubach, P., Spycher, S. (2006), S. 14 und 15.
[254] Gespräch mit Dr. Oliver Arnold, erlösmanagender Oberarzt der Klinik für Allgemeine Chirurgie des Klinikums Nürnberg.

im Op zurückgreifen könnte. Diese Aufgabe könnten z.B. studentische Hilfskräfte[255] oder zusätzlich qualifizierte OP-Schwestern[256] übernehmen. Wahrscheinlich würden sich dann auch die Operationszeiten der Fachärzte verkürzen, da diese ihr Vorgehen nicht mehr erklären müssten und zeitintensive Anleitungen zum richtigen Assistieren und Umgang mit dem Endoskop wegfallen würden. Im Regelfall werden daher die Arztkosten einer laparoskopischen Cholezystektomie im Klinikum Nürnberg bei 108,80€ bzw. 133,28€ liegen. Es wird auch an diesem Beispiel sehr deutlich, dass Weiterbildung Mehrkosten verursacht.

Besonders deutlich wird die ungleiche Behandlung der verschiedenen Krankenhäuser an den Beispielen der Operationsvergütung und wie ein möglicher Gewinn durch verlängerte Operationszeiten für weiterbildende Krankenhäuser geschmälert bzw. vernichtet wird. Da alle Krankenhäuser für den gleichen Eingriff die gleiche Vergütung bekommen, sind Krankenhäuser, die sich nicht an der ärztlichen Weiterbildung beteiligen klar im Vorteil.

Trotz der ganz unterschiedlichen Kostenstrukturen der H-N-O-Klinik und der Allgemeinen Chirurgie, ließ sich aufzeigen, dass vor allem im OP-Bereich durch die Durchführung ärztlicher Weiterbildung den Krankenhäusern Mehrkosten entstehen. In einem nächsten Schritt soll nun auch die Ambulanz als bedeutender Bereich für die Patientenaufnahme und deren Zuordnung zu einem bestimmten Behandlungspfad näher betrachtet werden.

5.3. Beispielprozess 2: Entscheidungsfindung und Wartezeiten in der Ambulanz durch zusätzliche Facharztkonsultation

5.3.1. Methodik

Mit der Einführung des DRG-Systems wurde, besonders in den operativen Bereichen der Krankenhäuser, die Einführung von prozessoptimierenden klinischen Behandlungspfaden notwendig (siehe dazu auch Kapitel 3.2.2). Es wird immer wichtiger das kostenintensive Personal suffizient einzusetzen[257] und die Patienten

[255] Vgl. Deutscher Ärztetag (105.) am 28. bis 31.05.2002.
[256] Gespräch mit Dr. Alfred Estelmann, Vorstand des Klinikums Nürnberg am 12.09.2008.
[257] Vgl. Bauer, M., Hanss, R., Schleppers, A., u.a. (2004), S. 414.

möglichst früh einem Behandlungspfad zu zuordnen. Die Ambulanz gewinnt somit an Bedeutung, denn dort findet die Aufnahmeuntersuchung statt, die die Grundlage der Pfadzuteilung bildet. Es gibt bereits Forderungen die Ambulanz daher hauptsächlich mit qualifizierten Fachärzten zu besetzen.[258] Diese Forderungen werden im Moment weder in der H-N-O-Klinik, noch in der Allgemeinen Chirurgie des Klinikums Nürnberg umgesetzt und wegen der dort stattfindenden Weiterbildung der Assistenzärzte soll dies eigentlich auch nicht geändert werden. Die Ambulanz stellt in beiden Klinken mit rund 11% der Gesamtkosten jedoch einen beachtlichen Kostenanteil dar. Daher erscheint es wichtig unter dem Aspekt der ärztlichen Weiterbildungskosten auch diesen Bereich näher zu betrachten.

Die Ambulanz der **H-N-O-Klinik** ist so organisiert, dass **drei Assistenzärzte**, mit unterschiedlichem Erfahrungsgrad, in drei Behandlungszimmern die Patienten untersuchen. Sie unterstützen sich in ihrer Arbeit gegenseitig, müssen aber zu jeder OP-Indikation sowie bei unklaren Fällen immer mit einem **Oberarzt Rücksprache** halten.[259] Manche Fragen können dabei auch direkt am Telefon geklärt werden, nur wenn der Oberarzt sich den Patienten selbst ansehen muss, lässt sich ein Gang in die Ambulanz nicht vermeiden. Da die Oberärzte allerdings in den Stationsablauf und den OP-Plan fest eingebunden sind, entstehen in der Ambulanz immer öfter **Wartezeiten** bis sich ein Oberarzt um die dortigen Fälle kümmern kann. Um diese Wartezeiten zu erfassen, wurde der Ambulanzablauf an vier Donnerstagen jeweils acht Stunden lang während dem regulären Ambulanzbetrieb beobachtet. Dabei wurden Gespräche mit den dort arbeitenden Assistenzärzten geführt und jeweils die Zeit gemessen, die vom Anruf beim Oberarzt bis zu seinem Erscheinen in der Ambulanz vergeht. Den Oberärzten wurde dabei nicht offen gelegt, dass die Zeit gestoppt wird, bis sie in der Ambulanz ankommen, um die Ergebnisse nicht zu verfälschen und einen möglichst realen Eindruck der unterschiedlichen Wartezeiten zu bekommen. Nicht immer ist es dem zunächst angerufenen Oberarzt allerdings möglich in absehbarer Zeit überhaupt in die Ambulanz zu kommen, z.B. wenn er gerade im OP ist. In einem solchen Fall muss die Ambulanzschwester weitere Oberärzte anrufen. Diese zusätzlichen Verzögerungen sind in den gemessenen Zeiten allerdings nicht enthalten. Der Donnerstag hatte

[258] Vgl. Roeder, N., Hindle, D., Loskamp, N., u.a. (2003a), S. 25 und 26.
[259] Gespräche mit Assistenzärzten der H-N-O-Klinik.

sich für diese Beobachtungen als ein repräsentativer Tag in der Ambulanz erwiesen. An Montagen und Freitagen ergeben sich die höchsten Schwankungen der Patientenzahlen, bedingt durch das Wochenende, dienstags findet nachmittags immer eine Schulung für alle Ärzte in der H-N-O-Klinik statt und am Mittwoch Nachmittag werden ausschließlich Patienten einbestellt, die wegen einem Tumor in Behandlung waren und noch zu Nachuntersuchungen kommen müssen.

In der **Allgemeinen Chirurgie** ist der Ambulanzbereich etwas anders organisiert. Es gibt ebenfalls drei Behandlungszimmer, allerdings ist immer auch **ein Facharzt** fest in der Ambulanz eingeteilt und zusätzlich noch **zwei Assistenzärzte**. Auf weitere Unterschiede der Ambulanzorganisation wird im Abschnitt 5.3.3 näher eingegangen. Auch in der Ambulanz der Allgemeinen Chirurgie sollten entstehende Wartezeiten bei zusätzlicher Facharztkonsultation gemessen werden. Dort unterscheiden sich die einzelnen Tage in ihrem Ablauf kaum voneinander, es sollten lediglich ebenfalls die Montage und Freitage für die Beobachtung heraus genommen werden. Doch bereits während des ersten Beobachtungstages am Mittwoch, den 25.06.2008 zeigte sich, dass vergleichbare Wartezeiten dort nicht bzw. sehr selten entstehen. So wurde der normale Tagesablauf beobachtet und Gespräche mit den dort arbeitenden Ärzten geführt, jedoch keine Wartezeiten gemessen.

5.3.2. Ergebnisse

Die Ergebnisse der Wartezeitmessung in der **H-N-O-Ambulanz** sind an allen vier Beobachtungstagen sehr ähnlich ausgefallen. Die Besetzung der Ambulanz war jedes Mal unterschiedlich, dennoch liegen die Durchschnittszeiten eng beieinander, was auf ein repräsentatives Ergebnis schließen lässt. Der betrachtete Zeitraum war immer der gleiche, von morgens 8:00 Uhr bis nachmittags 16:00 Uhr. Die gemessenen Zeiten sind auf volle Minuten gerundet und im Folgenden tabellarisch dargestellt. Dabei entspricht der erste Wert der Uhrzeit zu welcher der Oberarzt telefonisch benachrichtigt wurde, der zweite Wert der Uhrzeit, wann der Oberarzt in der Ambulanz eingetroffen ist und der dritte Wert gibt die dazwischen vergangenen Minuten an.

Die erste Wartezeitmessung fand am **19.06.2008** statt und es wurden dabei folgende Zeiten ermittelt (siehe Tabelle 4). Ein Oberarzt wurde acht Mal dazu gerufen und die durchschnittliche Wartezeit auf diesen betrug an diesem Tag **13 Minuten**.

19.06.2008

- Dienst: 3 Ärzte (2 Assistenzärzte, einer von ihnen noch ganz neu, 1 Facharzt)
- Behandelte Patienten insgesamt: 36
- Ø Wartezeit am 19.06.2008 = 13 Minuten

Uhrzeit, Beginn der Messung	Uhrzeit, Ende der Messung	Wartezeit in Minuten
09:20	09:44	24
09:50	09:59	9
10:19	10:30	11
11:00	11:04	4
11:55	12:19	24
13:28	13:35	7
14:12	14:28	16
15:04	15:13	9

Tab. 4: Erste Wartezeitmessung[260]

Die zweite Wartezeitmessung fand am 10.07.2008 statt, wobei folgende Zeiten ermittelt wurden (siehe Tabelle 5). Ein Oberarzt wurde sechs Mal dazu gerufen und die durchschnittliche Wartezeit auf diesen betrug an diesem Tag 13,5 Minuten.

10.07.2008

- Dienst: 3 Assistenzärzte (einer ganz neu, einer seit einem Jahr dabei, ein Erfahrener)
- Behandelte Patienten insgesamt: 42
- Ø Wartezeit am 10.07.2008 = 13,5 Minuten

260 Quelle: Eigene Messung am 19.06.2008.

Uhrzeit, Beginn der Messung	Uhrzeit, Ende der Messung	Wartezeit in Minuten
09:34	09:51	17
10:29	10:35	6
11:17	11:24	7
12:29	12:56	27
13:20	13:40	20
15:19	15:23	4

Tab. 5: Zweite Wartezeitmessung[261]

Die dritte Wartezeitmessung fand am **24.07.2008** statt, wobei folgende Zeiten ermittelt wurden (siehe Tabelle 6). Ein Oberarzt wurde acht Mal dazu gerufen und die durchschnittliche Wartezeit auf diesen betrug an diesem Tag **12,625 Minuten**.

24.07.2008

- Dienst: 3 Assistenzärzte (2 erfahrene, einer ganz neu)
- Behandelte Patienten insgesamt: 44
- Ø Wartezeit am 24.07.2008 = 12,625 Minuten

Uhrzeit, Beginn der Messung	Uhrzeit, Ende der Messung	Wartezeit in Minuten
08:52	09:05	13
10:12	10:18	6
10:26	10:38	12
11:28	11:48	20
12:25	12:28	3
13:23	13:40	17
14:38	14:53	15
15:20	15:35	15

Tab. 6: Dritte Wartezeitmessung[262]

Die vierte Wartezeitmessung fand am **31.07.2008** statt, wobei folgende Zeiten ermittelt wurden (siehe Tabelle 7). Ein Oberarzt wurde sieben Mal dazu gerufen und die durchschnittliche Wartezeit auf diesen betrug an diesem Tag **12,57 Minuten**.

[261] Quelle: Eigene Messung am 10.07.2008.

[262] Quelle: Eigene Messung am 24.07.2008.

31.07.2008

- Dienst: 3 Assistenzärzte (einer ganz neu, einer 2 Jahre dabei, ein erfahrener)
- Behandelte Patienten insgesamt: 33
- Ø Wartezeit am 31.07.2008 = 12,57 Minuten

Uhrzeit, Beginn der Messung	Uhrzeit, Ende der Messung	Wartezeit in Minuten
08:51	09:08	17
09:48	09:52	4
10:33	10:45	12
11:15	11:37	22
13:20	13:33	13
14:08	14:21	13
15:15	15:22	7

Tab. 7: Vierte Wartezeitmessung[263]

Der **Gesamtdurchschnitt** der Wartezeit über alle vier Tage betrug somit **12,90 Minuten** und es wurden dabei durchschnittlich **38,75 Patienten pro Beobachtungstag** behandelt.

In der **Allgemeinen Chirurgie** werden in dem Zeitraum von 8:00 Uhr bis 16:00 Uhr, trotz nicht vorhandener Wartezeiten auf einen Oberarzt, durchschnittlich weniger Patienten behandelt. Das ist darauf zurück zu führen, dass dort die meisten Fälle komplexer sind als in der H-N-O-Klinik bzw. die durchzuführenden Untersuchungen länger dauern. Im Durchschnitt wurden in der Woche vom Montag, den 07.07. bis Freitag, den 11.07.2008 33 Patienten pro Tag behandelt und in der Woche vom Montag, den 21.07. bis Freitag, den 25.07.2008 29,6 Patienten. Dies ergibt einen Gesamtdurchschnitt von **31,3 Patienten pro Tag**. In der **H-N-O-Klinik** werden pro Tag folglich **rund acht Patienten mehr** behandelt.

5.3.3. Diskussion

Die gemessenen Wartezeiten in der H-N-O-Klinik schwanken zwischen einem niedrigsten Wert von nur drei Minuten und dem höchsten Wert von 27 Minuten. Diese großen Unterschiede entstehen dadurch, dass Oberärzte für die Unterstüt-

263 Quelle: Eigene Messung am 31.07.2008.

zung in der Ambulanz eigentlich nicht vorgesehen sind und ihre Arbeit, die sie in dem Moment ausführen in dem sie der Anruf aus der Ambulanz erreicht, unterbrechen müssen.[264] An den Beobachtungstagen wurde ein Oberarzt **sechs bis acht Mal** zusätzlich in der Ambulanz benötigt. Bevor sie einen Oberarzt rufen lassen, sprechen sich die Assistenzärzte untereinander ab und versuchen durchaus so genannte Oberarztvorstellungen zu sammeln, damit der Oberarzt nicht wegen jedem Fall einzeln kommen muss. Um einen Patientenstau in der Ambulanz zu vermeiden, kann jedoch nicht zu lange gewartet werden bis ein Oberarzt gerufen wird. Dennoch sind die Ergebnisse nicht so zu interpretieren, dass einmal in der Stunde für ca. eine Viertelstunde der Betrieb in der Ambulanz still steht. Die **Wartezeiten entsprechen keinen Leerlaufzeiten**. Es kann in den anderen Behandlungszimmern weiterbehandelt werden oder sollte der Oberarzt bereits am Telefon ankündigen, dass es 20 Minuten dauern kann bis er erscheint, nehmen die Patienten noch mal im Wartebereich Platz, so dass ein weiteres Behandlungszimmer zur Behandlung wieder frei wird. Entsteht nur eine kurze Wartezeit, kann diese dazu genutzt werden die Patientenakte zu vervollständigen. Nur bei sehr langen, unvorhersehbaren Wartezeiten entsteht tatsächlich ein Leerlauf.

Es ist schwer zu sagen, wie viele zusätzliche Kosten die gemessenen Wartezeiten verursachen. Ziemlich sicher kann man nur feststellen, dass wenn man einen Assistenzarzt in der Ambulanz durch einen entscheidungsbefugten Facharzt ersetzen würde, in den acht Stunden Regelarbeitszeit mehr Patienten versorgt werden könnten. In die Ambulanz der **H-N-O-Klinik** werden Assistenzärzte **bereits in den ersten Monaten ihrer Weiterbildung** eingeteilt. Dort bekommen sie das ganze Spektrum des Leistungsumfangs der Klinik zu sehen und erhalten ein gutes Training im Erkennen von fachspezifischen Krankheiten. Das ist für die Assistenzärzte in der H-N-O-Klinik besonders wichtig, da sie möglichst schnell auch den **Nachtdienst** übernehmen sollen und dort, bis auf einen Oberarzt in Rufbereitschaft, alleine sind.[265]

In der **Allgemeinen Chirurgie** ist der Ambulanzbereich etwas anders organisiert. Dort ist immer ein Facharzt fest eingeteilt, ebenso wie zwei Assistenzärzte. Um in der Allgemeinen Chirurgie als Assistenzarzt in der Ambulanz eingeteilt zu wer-

---

[264] Gespräche mit Oberärzten der H-N-O-Klinik.

[265] Gespräch mit Dr. Alfred Estelmann, Vorstand des Klinikums Nürnberg am 04.08.2008.

den, muss man sich **mindestens schon im zweiten Jahr** der Weiterbildung befinden.[266] Die Arbeitsaufteilung sieht so aus, dass ein Arzt alle Elektivpatienten[267] behandelt und die anderen Beiden für die ungeplanten Notfälle zuständig sind. Zum einen ergeben sich weniger Rückfragen, da die dortigen Assistenzärzte bereits über einen größeren Erfahrungsschatz verfügen, als die in der H-N-O-Klinik. Zum anderen können die meisten Fragen mit dem Facharzt vor Ort geklärt werden. Der Nachtdienst in der Allgemeinen Chirurgie ist ebenfalls anders strukturiert. Es haben immer drei Ärzte zusammen Dienst. Es gibt einen ersten Dienst, einen Facharzt, der die nächtlichen Operationen durchführt, einen zweiten Dienst, einen erfahrenen Assistenzarzt, der nachts die Ambulanz leitet und einen dritten Dienst, einen Assistenzarzt im ersten Jahr seiner Weiterbildung, der dem ersten Dienst bei den Operationen assistiert.[268] Der Nachtdienst wird in der Allgemeinen Chirurgie zu 100% als Arbeitszeit gerechnet und vergütet, während es in der H-N-O-Klinik nur zu 60% als Arbeitszeit angerechnet wird. Da bei dieser Organisation die Assistenzärzte nicht alleine im Nachtdienst sind, müssen sie nicht so früh in der Ambulanz auf diese Situation vorbereitet werden, wie die Assistenzärzte der H-N-O-Klinik.

Der Dienst in der Ambulanz ist für die Weiterbildung der Ärzte von großer Bedeutung. Dort lernen sie die verschiedenen Bereiche ihres Fachgebietes am besten kennen und bekommen eine gewisse Routine in den typischen fachspezifischen Untersuchungen und der Diagnostik. Dennoch ist er bei den Assistenzärzten nicht sonderlich beliebt, denn wer in der Ambulanz eingeteilt ist, steht nicht auf dem OP-Plan.[269] Somit ist es während dieser Zeit unmöglich den, durch die Weiterbildungsordnung vorgeschriebenen, OP-Katalog abzuarbeiten. Da das Klinikum Nürnberg viele Assistenzärzte weiterbildet, haben sich die **dargestellten Strukturen etabliert**. Um heraus zu finden, wie viele Mehrkosten in der Ambulanz dadurch entstehen, dass Assistenzärzte dort arbeiten, wäre der **Vergleich mit einer ähnlich großen Klinik notwendig, die keine Weiterbildung durchführt**.[270] Nur dadurch lässt sich aufzeigen, wie sehr sich die Wartezeiten auf den Oberarzt in

---

[266] Gespräche mit Assistenzärzten der Allgemeinen Chirurgie.

[267] Elektivpatienten sind Patienten, die für eine Operation am nächsten Tag einbestellt wurden. Die Voruntersuchungen sind bereist abgeschlossen. Es handelt sich hierbei um planbare Eingriffe.

[268] Gespräche mit Assistenzärzten in der Ambulanz der Allgemeinen Chirurgie.

[269] Gespräche mit Assistenzärzten der Allgemeinen Chirurgie sowie der H-N-O-Klinik.

[270] Gespräch mit Dr. Alfred Estelmann, Vorstand des Klinikums Nürnberg am 04.08.2008.

den Kosten niederschlagen, ob die Assistenzärzte tatsächlich mehr Diagnostik durchführen und somit höhere Kosten produzieren und ob es mit der Zuweisung zu einem bestimmten Behandlungspfad weniger Probleme und Fehleinschätzungen gibt, wenn diese durch einen Facharzt vorgenommen wird. Dazu muss allerdings noch erwähnt werden, dass in der Allgemeinen Chirurgie dokumentierte Behandlungspfade existieren, die für jeden Arzt zugänglich sind und die Behandlungsabläufe für bestimmte standardisierte Krankheiten vorgeben.[271]

Es lässt sich kein Urteil fällen, welche Ambulanzorganisation besser ist. Bei der H-N-O-Klinik und der Allgemeinen Chirurgie handelt es sich um zwei ganz verschiedene Kliniken mit **unterschiedlichen Kostenstrukturen**.[272] Für die komplexeren Fälle in der Allgemeinen Chirurgie hat es sich als vorteilhaft erwiesen, einen Facharzt in der Ambulanz zu binden und ihm erfahrene Assistenzärzte mit eingeschränkter Entscheidungsbefugnis zur Seite zu stellen. Diese dürfen bei Standardeingriffen auch selbst entscheiden, ob eine Operation notwendig ist. Bei komplizierteren Befunden müssen sie allerdings ebenfalls mit einem Oberarzt Rücksprache halten.[273] In der H-N-O-Klinik haben sich andere Strukturen bewährt. Da die Assistenzärzte für den Nachtdienst Erfahrung sammeln müssen, scheint es effektiver zu sein die Ambulanz nur mit Assistenzärzten mit geringer Entscheidungsbefugnis zu besetzen und in Kauf zu nehmen, dass diese des Öfteren mit Oberärzten Rücksprache halten müssen. Das trotz der dadurch entstehenden Wartezeiten in der H-N-O-Klinik mehr Patienten als in der allgemeinen Chirurgie pro Tag behandelt werden können, hängt auch mit den unterschiedlichen durchschnittlichen Verweildauern der Klinken und damit mit der unterschiedlichen Komplexität der Fälle zusammen. Die durchschnittlichen Verweildauern liegen in der H-N-O-Klinik bei 5,6 Tagen und in der Allgemeinen Chirurgie bei 10 Tagen.[274] Allerdings sollte überlegt werden, wie **Wartezeiten** auf einen Oberarzt von bis zu 27 Minuten **vermieden** werden können. Dass durch Leerlaufzeiten Kosten, zumindest Opportunitätskosten entstehen ist offensichtlich. Eine Möglichkeit wäre einen Oberarzt pro Tag, oder auch zwei im Wechsel für jeweils einen halben Tag, nicht in die OP-Planung mit aufzunehmen und der Ambulanz als

[271] Siehe auch Anhang S. 97 – 103.
[272] Gespräch mit Dr. Alfred Estelmann, Vorstand des Klinikums Nürnberg am 11.06.2008.
[273] Gespräche mit Assistenzärzten der Allgemeinen Chirurgie.
[274] Petrich, P., Strahler, D. (2008), S. 34 und S. 41.

Ansprechpartner zu melden. Dann wäre die **Zuständigkeit klar festgelegt** und es müsste nicht erst von der Ambulanzschwester herausgefunden werden welcher Oberarzt im Moment etwas Zeit hat. Auch für den Oberarzt wäre es eine angenehmere Situation, da er weiß, dass er jeder Zeit in der Ambulanz benötigt werden könnte. Vor diesem Hintergrund könnte er sich seine Zeit besser einteilen und dann schneller in der Ambulanz erscheinen. Ganz vermeiden lassen werden sich Wartezeit allerdings nie, denn der Tagesablauf eines Arztes in einer so großen Klinik ist nur eingeschränkt planbar.

5.4. Erfassung der allgemeinen Korrelation von Autonomie und Verantwortung zu Berufsjahren

5.4.1. Methodik

Um herauszufinden, ob eine Verantwortungszunahme und eine steigende Autonomie vom Arztstatus oder von den geleisteten Berufsjahren abhängen, wurde an alle Ärzte der betrachteten Kliniken ein Fragebogen ausgegeben. Der Stichprobenumfang war somit sehr überschaubar, aber zu den vorangegangenen Evaluationen passend. Den Fragebogen erhielten in der Allgemeinen Chirurgie 36 Ärzte und in der H-N-O-Klinik wurde er an 22 Ärzte verteilt. Um die Teilnahmequote zu erhöhen wurde der Fragebogen zusammen mit einem Anschreiben herausgegeben und auf eine DIN-A4-Seite beschränkt. Der zeitliche Aufwand wurde durch ein reines Ankreuzsystem gering gehalten.[275] Die anonym ausgefüllten Fragebögen konnten von den Ärzten in uneinsehbare Boxen im Sekretariat der jeweiligen Klinik abgegeben werden. Die Rücklaufquote betrug in der Allgemeinen Chirurgie 56% und in der H-N-O-Klinik lag sie bei 73%.

Der Fragebogen enthielt sieben Fragen und gliederte sich folgendermaßen.[276] Die erste Frage diente als Aufwärmfrage und Hinleitung zum Thema, die Fragen zwei und drei beinhalteten jeweils fünf Items. Dort lag der Schwerpunkt der Befragung. Die Befragten sollten in diesen Frageblöcken zu Aussagen über die Verantwortung in ihrem Arbeitsalltag und über ihren Autonomiegrad Stellung nehmen. Dabei standen ihnen sieben Antwortkategorien zur Auswahl, von 1 „trifft überhaupt nicht zu“ bis 7 „trifft voll und ganz zu“. Abschließend waren noch per-

[275] Vgl. Borg, I. (2002), S. 66.
[276] Siehe auch Anhang S. 120-122.

sönlichen Fragen zum Alter, den Berufsjahren als Arzt und nach dem Arztstatus zu beantworten.[277]

Die Skalierung der Items der Frageblöcke erfolgte durchgehend von 1 bis 7. Zur Auswertung wurden alle Antworten mit Zahlenwerten kodiert[278] und in eine MS Excel®-Tabelle übertragen. Nach einer Umcodierung einzelner Teilfragen, so dass alle Items in die gleiche Richtung gingen, erfolgte die Auswertung.[279] Um den Verantwortungs- und den Autonomiegrad aus den zusammengehörigen Items pro Fragenblock zu ermitteln, wurden Mittelwerte gebildet. Die Werte konnten dabei im Minimum den Wert 1 annehmen und maximal bei dem Wert 7 liegen. Je höher der Wert lag, umso höher war der Verantwortungs- bzw. Autonomiegrad. Eine Fehlerbereinigung war nicht notwendig,[280] es wurden in allen vorliegenden Fragebögen alle Fragen eindeutig mit einem Kreuz bzw. einer Zahl beantwortet. Bei der Fehleranalyse ist allerdings zu berücksichtigen, dass es sich um eine Selbsteinschätzung bzw. ein Stimmungsbild der Befragten handelt, es daher keine richtigen oder falschen Aussagen gab.

5.4.2. Ergebnisse

Nachdem für jeden Befragten ein Mittelwert für die Fragenblöcke zum Verantwortungs- bzw. dem Autonomiegrad errechnet wurde, wurden sie je nach Arztstatus in verschiedene Gruppen zusammengefasst. Auf diese Weise konnte für jeden Arztstatus ebenfalls ein Mittelwert gebildet werden. Aus Anonymitätsgründen wurde auf die Antwortmöglichkeit „Chefarzt" beim Arztstatus verzichtet. So ergaben sich in der Auswertung drei verschiedene Arztgruppen, die der Assistenzärzte, der Fachärzte und der Oberärzte.

Der Chefarzt der Allgemeinen Chirurgie vermerkte auf dem Fragebogen, trotz der dadurch fehlenden Anonymität, seinen Arztstatus als Chefarzt. So konnten für die Allgemeine Chirurgie vier Arztgruppen gebildet werden und dabei zeigte sich, eine stetige Zunahme des Verantwortungsgrads mit steigendem Status. Beginnend bei einem Mittelwert der Assistenzärzte von 4,6 bis zu einem Wert von 6,8 des

277 Vgl. Hungenberg, H. (2006), S. 49.
278 Vgl. Kirchhoff, S., Kuhnt, S., Lipp, P., Schlawin, S. (2001), S. 37-42.
279 Vgl. Wildner, R. (2008), S. 64.
280 Vgl. Buttler, G., Fickel, N. (2002), S. 255-264.

Chefarztes. Bei der Betrachtung des Autonomiegrades hingegen fällt auf, dass es einen kleinen Einbruch bei den Fachärzten gibt. Während die Assistenzärzte mit einem Wert von 4,35 starten, ergibt sich bei den Fachärzten lediglich einer von 3,9. Mit höherem Status steigen die Werte jedoch wieder bis zu einem Wert von 7 des Chefarztes (siehe Abbildung 6).

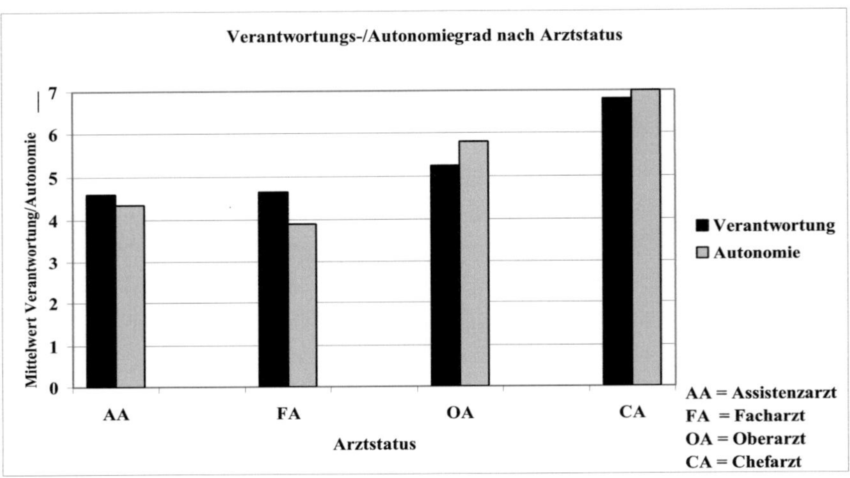

Abb. 6: Verantwortungs- und Autonomiegrad nach Arztstatus in der Allgemeinen Chirurgie[281]

Bei dieser kleinen Unregelmäßigkeit muss berücksichtigt werden, dass die Stichprobe einen sehr geringen Umfang hatte und sich dadurch die Einschätzungen des Einzelnen sehr stark im Ergebnis widerspiegeln. Bei der Befragung handelt sich um eine subjektive Momentaufnahme, die Tendenzen aufzeigt. Sollte ein Arzt mit der momentanen Situation nicht ganz zufrieden sein bzw. sich in seiner Autonomie stark eingeschränkt fühlen, senkt dies den Mittelwert aller in der Gruppe überproportional stark.

Diese erste gruppenweise Gegenüberstellung der Mittelwerte unterstützt die Vermutung, dass sowohl die Zunahme von Verantwortung als auch eine steigende Autonomie von den Berufsjahren abhängen. Um heraus zu finden, wie stark die-

[281] Quelle: Eigene Erhebung, Umfrage mit allen Ärzten der Allgemeinen Chirurgie.

ser Zusammenhang ist, wurden jetzt die in MS Excel® erarbeiteten Tabellen in das Statistikprogramm SPSS® 15.0 übertragen. Mit den Mittelwerten des Verantwortungs- bzw. des Autonomiegrades jedes einzelnen Arztes, als abhängige Variable (y) und den Berufsjahren als unabhängige Variable (x), wurden nun Regressionsfunktionen ermittelt.

Aus den Werten der Allgemeinen Chirurgie ergab sich dabei für den Zusammenhang von Verantwortung (y) und Berufsjahren (x) die Regressionsfunktion: $y = 4{,}326 + 0{,}05x$. Es handelt sich hierbei um eine positive lineare Regression, die es möglich macht jeder Anzahl an Berufsjahren einen bestimmten Grad der Verantwortung zu zuordnen. Voraussetzung hierbei ist allerdings, dass es keine weiteren Einflussfaktoren für den Grad der Verantwortung gibt.[282] Es liegt eine „je mehr, desto mehr“ Beziehung vor. Dies bedeutet im übertragenen Sinn, dass mit steigenden Berufsjahren auch die Verantwortung zunimmt. Für den Zusammenhang von Autonomie (y) und Berufsjahren (x) ergab sich die Regressionsfunktion: $y = 3{,}885 + 0{,}081x$ (siehe Abbildung 7).

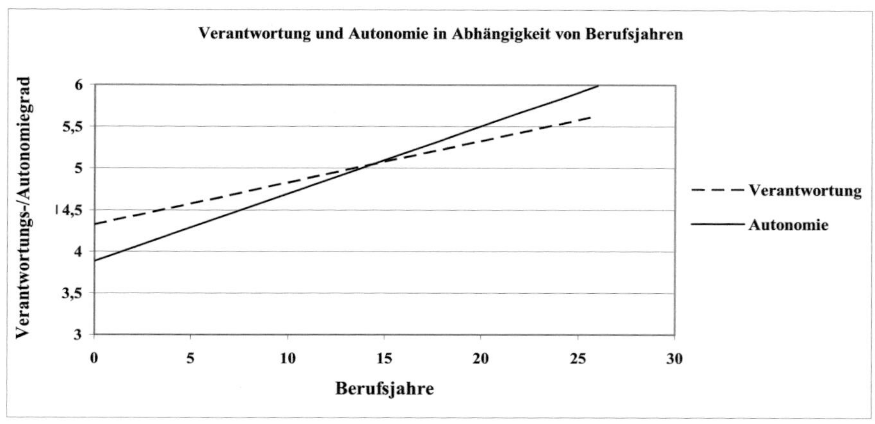

Abb. 7: Verantwortung und Autonomie in Abhängigkeit von Berufsjahren in der Allgemeinen Chirurgie[283]

[282] Vgl. Rönz, B., Förster, E. (1992), S. 27.
[283] Quelle: Eigene Erhebung, Umfrage mit allen Ärzten der Allgemeinen Chirurgie.

Auch hierbei handelt es sich um eine positive lineare Regression die, durch die niedrigere Regressionskonstante von 3,885 zwar einen tieferen Ausgangswert hat, durch den größeren linearen Regressionsfaktor (0,081)[284], jedoch stärker steigt und somit einen noch stärkeren Zusammenhang von zunehmenden Berufsjahren und steigender Autonomie beschreibt. Sie ordnet jeder Anzahl an Berufsjahren einen bestimmten Grad der Autonomie zu.

Auch in der H-N-O-Klinik wurden die Mittelwerte der einzelnen Ärzte in Gruppen zusammengefasst und so ebenfalls Mittelwerte für jeden Arztstatus gebildet. Es zeigte sich dabei eine stetige Zunahme des Verantwortungsgrades mit steigendem Status. Beginnend bei einem Mittelwert der Assistenzärzte von 4,13 bis zu einem Wert von 5,73 der Oberärzte. Bei der Betrachtung des Autonomiegrades ist ebenfalls eine stetige Zunahme feststellbar. Die Assistenzärzte starten dort mit einem Wert von 4,67 der in der Gruppe der Oberärzte bis auf einen Wert von 5,77 ansteigt (siehe Abbildung 8).

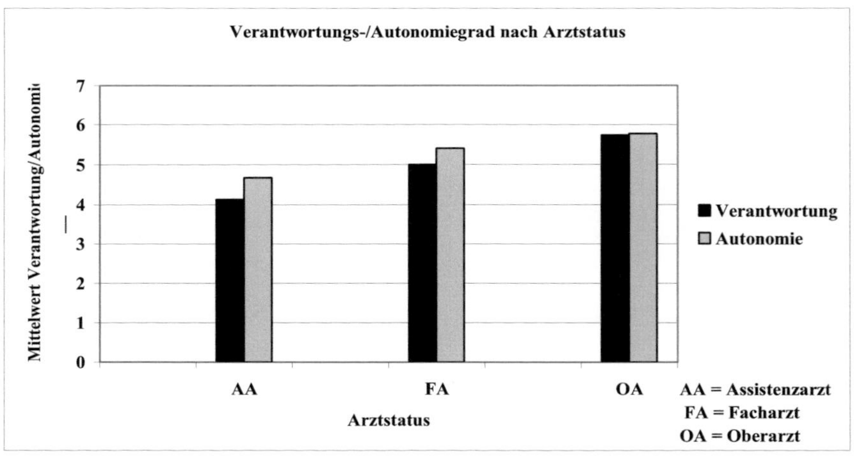

Abb. 8: Verantwortungs- und Autonomiegrad nach Arztstatus in der H-N-O-Klinik[285]

[284] Vgl. Rönz, B., Förster, E. (1992), S. 29.

[285] Quelle: Eigene Erhebung, Umfrage mit allen Ärzten der H-N-O-Klinik.

Auch hier sei, für weitergehende Analysen, nochmals auf den geringen Stichprobenumfang hingewiesen. Die Gruppe der Fachärzte besteht hier beispielsweise aus nur einem Arzt.

Danach wurden auch aus den Werten der H-N-O-Klinik mit Hilfe des Statistikprogramms Regressionsfunktionen ermittelt. Dabei ergab sich für den Zusammenhang von Verantwortung (y) und Berufsjahren (x) die Regressionsfunktion: $y = 4{,}182 + 0{,}056x$. Es handelt sich ebenfalls um eine „je mehr, desto mehr“ Beziehung. Dies bedeutet, dass auch in dieser Klinik mit zunehmenden Berufsjahren die Verantwortung steigt. Für den Zusammenhang von Autonomie (y) und Berufsjahren (x) ergab sich die Regressionsfunktion: $y = 4{,}811 + 0{,}029x$ (siehe Abbildung 9).

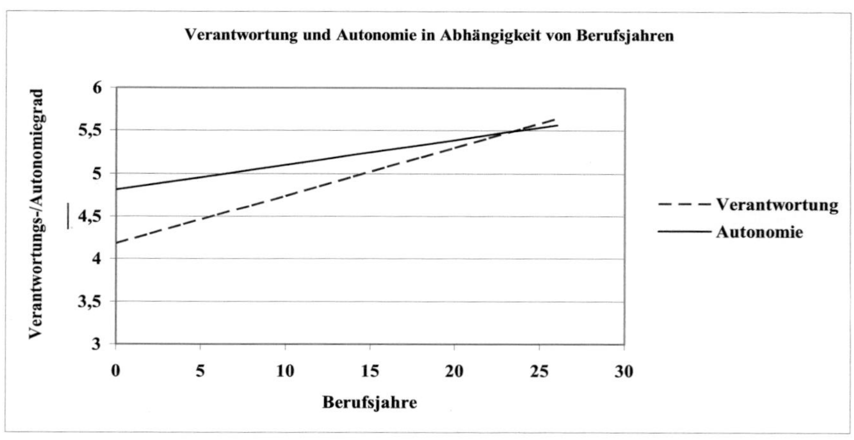

Abb. 9: Verantwortung und Autonomie in Abhängigkeit von Berufsjahren in der H-N-O-Klinik[286]

Hierbei handelt es sich ebenfalls um eine positive lineare Regression. Sie hat zwar mit 4,811 die höhere Regressionskonstante, durch den kleinen linearen Regressionsfaktor (0,029)[287], steigt sie jedoch weniger stark und beschreibt somit einen eher schwachen Zusammenhang von zunehmenden Berufsjahren und steigender Autonomie.

286 Quelle: Eigene Erhebung, Umfrage mit allen Ärzten der H-N-O-Klinik.

287 Vgl. Rönz, B., Förster, E. (1992), S. 29.

5.4.3. Diskussion

Die Ergebnisse der Befragung sind eine **subjektive Einschätzung** der Ärzte, die eine Momentaufnahme der **aktuellen Stimmungslage** repräsentieren. Der zusätzliche geringe Stichprobenumfang lässt nur bedingt allgemein gültige Rückschlüsse zu. Für die Auswertung lagen aus der Allgemeinen Chirurgie 20 und aus der H-N-O-Klinik 16 ausgefüllte Fragebögen vor. Das bedeutet, dass das Ergebnis durch jeden Einzelnen stark beeinflusst werden konnte. Leider waren keine zusätzlichen vergleichbaren Studien verfügbar[288], dennoch lässt sich aus der durchgeführten Befragung eine klare Tendenz ablesen.

Wie zu erwarten steigen sowohl der Grad der Verantwortung als auch der Autonomiegrad mit zunehmenden Berufsjahren an. Vergleicht man die Ergebnisse der beiden Kliniken, zeichnet sich auch dort der unterschiedliche Aufbau bzw. die unterschiedliche Organisation ab. Während in der Allgemeinen Chirurgie der Verantwortungsgrad bei den Assistenz- und Fachärzten höher eingeschätzt wird als der Autonomiegrad, dreht sich das Verhältnis bei den Oberärzten und dem Chefarzt wieder um. In der H-N-O-Klinik wird demgegenüber der Autonomiegrad über alle Gruppen hinweg höher als der Grad der Verantwortung eingeschätzt. Diese unterschiedliche Wahrnehmung deckt sich mit der Tatsache, dass Assistenzärzte in der H-N-O-Klinik früher alleine den Nachtdienst übernehmen und somit auch tagsüber ihre Arbeit früher autonomer gestaltet wird als bei Assistenzärzten in der Allgemeinen Chirurgie (siehe dazu auch Kapitel 5.3.3.). Dass der Grad der Verantwortung in der Allgemeinen Chirurgie über alle Arztgruppen hinweg etwas höher empfunden wird als bei den Ärzten der H-N-O-Klinik, mag an der höheren Komplexität der dort behandelten Fälle liegen. Insgesamt liegen alle Werte in einem sehr hohen Bereich, was verdeutlicht, dass ein Arzt von Anfang an viel Verantwortung übernimmt.

Die errechneten Regressionen zeigen eine Abhängigkeit von Verantwortung und Autonomie von den Berufsjahren auf. Der Regressionskoeffizient ist bei allen vorliegenden Regressionsgeraden positiv (Werte von 0,029 bis 0,081). Er gibt die Steigung der Regressionsgeraden an und zeigt dabei die mittlere Abhängigkeit der Variablen y (Verantwortung bzw. Autonomie) von der Variablen x (Berufsjahre)

[288] Emailaustausch mit Silvia Weber, Mitarbeiterin des Statistischen Bundesamtes Wiesbaden.

auf. Im vorliegenden Fall gibt er an, um welchen Wert sich der Verantwortungs- bzw. der Autonomiegrad verändert, wenn sich die Berufsjahre um ein Jahr (eine Einheit) verändern.[289] Diese Werte lassen sich allerdings nur so eindeutig bestimmen, wenn der Grad der Verantwortung bzw. der Autonomie ausschließlich von den Berufsjahren abhängt. Dies ist bei solchen weichen Faktoren sicherlich nicht gegeben. Zum einem handelt sich bei den vorliegenden Werten um Selbsteinschätzungen, zum anderen richten sich der Grad der Verantwortung sowie der Autonomie in der täglichen Praxis zusätzlich sehr stark an den individuellen Fähigkeiten aus. Es kann jedoch ein starker Zusammenhang zwischen steigender Verantwortung sowie einer höheren Autonomie und zunehmenden Berufsjahren festgestellt werden. Mit dem erreichten Arztstatus hängt dies nur indirekt zusammen, da dieser ebenfalls in Abhängigkeit zu den Berufsjahren steigt.

Für die ärztliche Weiterbildung bedeutet dieses Ergebnis, dass Kliniken, die auf die Durchführung dieser verzichten und nur Fachärzte einstellen, klar im Vorteil sind. Sie können ihnen mehr Autonomie einräumen und mehr Verantwortung übertragen. Besonders das selbständigere Arbeiten ist dabei eine große Entlastung. Die fehlende Routine der Berufsanfänger erfordert eine stärkere Begleitung im beruflichen Alltag. Allerdings handelt es sich hierbei um einen ganz normalen und auch in anderen Branchen üblichen Vorgang. Die befragten Assistenzärzte übernehmen durchweg gern Verantwortung[290] und sind sich derer bewusst. Es wird deutlich, dass junge Ärzte gefördert und angeleitet werden müssen, damit ihr Verantwortungs- sowie der Autonomiegrad auch tatsächlich stetig ansteigen können. Nur eine gut organisierte, zeitlich eingeplante Weiterbildung unter qualitativer Unterweisung, ermöglicht es Assistenzärzten schnell ihren Verantwortungs- sowie ihren Autonomiegrad weiter auszubauen. Daher muss es weiterbildenden Krankenhäusern ermöglicht werden, die ärztliche Weiterbildung als eine ihrer Hauptaufgaben wahrnehmen zu können und diese nicht wegen finanzieller Belastungen zu vernachlässigen.

---

[289] Vgl. Rönz, B., Förster, E. (1992), S. 29.
[290] Vgl. Fragebogen Frage Nummer 1.

5.5. Schlussfolgerungen

5.5.1. Zusammenfassende Ergebnisdiskussion und kritische Würdigung

Die durchgeführten Untersuchungen belegen, dass Krankenhäusern durch die Durchführung ärztlicher Weiterbildung Mehrkosten entstehen. **Verlängerte OP-Zeiten um ca. 5%** haben im Jahr 2007 für die Durchführung einer laparoskopische Cholezystektomie durch einen Assistenzarzt im Durchschnitt für 172,20€ an Mehrkosten gesorgt. Für eine von einem Assistenzarzt durchgeführte Tonsillektomie waren es 53,76€. Es hat sich deutlich gezeigt, dass Assistenzärzte im Durchschnitt länger operieren und zusätzlich wegen des Gleichzeitigkeitsfaktors mehr Personal gebunden wird. Für das Klinikum Nürnberg, das ca. 400 Assistenzärzte beschäftigt, ergeben sich pro Jahr ca. **6.000.000€ an Mehrkosten durch die ärztliche Weiterbildung**. Auf Grund des Einsatzes von Assistenzärzten werden die Kliniken auch mit größeren organisatorischen Herausforderungen konfrontiert. Die OP-Planung wird dadurch erschwert, dass das Können der Assistenzärzte richtig eingeschätzt und ihnen immer ein Facharzt an die Seite gestellt werden muss. Auch die nähere Betrachtung der Ambulanzbereiche zeigt kostenspezifische und organisatorische Besonderheiten im Zusammenhang mit der ärztlichen Weiterbildung auf. Um die Assistenzärzte auf ihre Nachtdienste vorzubereiten, ist es in der H-N-O-Klinik notwendig, dass sie möglichst früh in der Ambulanz ihre Diagnosefähigkeit trainieren.[291] Durch die dadurch häufig entstehenden Rückfragen ergeben sich bei jeder Oberarztkonsultation durchschnittliche **Wartezeiten bzw. Leerlaufzeiten in der Ambulanz von ca. 13 Minuten**. Als weiterer Kostenfaktor nicht berücksichtigt ist dabei die Tatsache, dass Assistenzärzte mehr Diagnostik durchführen als Fachärzte.[292] Da sie allein für die Aufnahmeuntersuchungen zuständig sind, gibt es keine direkten Vergleichmöglichkeiten, wie viel Diagnostik ein Facharzt in den jeweiligen Fällen durchgeführt hätte. Eine konkrete Aussage zu den dadurch entstehenden Mehrkosten ist hier daher nicht möglich. Dafür wäre ein Vergleich mit einer ähnlich großen Ambulanz einer H-N-O-Klinik notwendig, die nicht weiterbildet.

---

[291] Gespräch mit Dr. Alfred Estelmann, Vorstand des Klinikums Nürnberg am 04.08.2008.
[292] Vgl. Buhr, P., Klinke, S. (2006), S. 85.

Durch die ärztliche Weiterbildung entstehen sowohl direkte Kosten, wie die durch die Operationszeitverlängerung, aber auch indirekte Kosten, die nur sehr schwer zu messen sind. Dazu zählen unter anderem Opportunitätskosten, die den Fach-, Ober- und Chefärzten entstehen, wenn sie einen Assistenzarzt unterstützen und dafür ihre Arbeit unterbrechen müssen. Eine umfassende Kostenkalkulation wird daher immer nur schwer möglich sein. Außerdem ist eine gewisse Einarbeitungszeit und Erfahrungsaufbau bei neuen Mitarbeitern ganz normal und sollte streng genommen nicht zu den Kosten ärztlicher Weiterbildung gezählt werden. Die Auswertung des Fragebogens zeigt, dass **Autonomie und Verantwortung mit zunehmenden Berufsjahren steigen**. Im Moment gelingt es dem Klinikum Nürnberg demnach noch gut, diese Steigerung auch bei den Assistenzärzten zu ermöglichen. Die Assistenzärzte fühlen sich ernst genommen und gut betreut.[293] Sollte durch einen verstärkten finanziellen Druck und eine immer straffere Zeitablaufsplanung die ärztliche Weiterbildung nur noch nebenbei stattfinden können, ist sehr fraglich, ob diese Befähigung zum selbständigen Arbeiten weiterhin in diesem Maße kontinuierlich ansteigen kann.

Neben all den entstehenden Kosten, Komplikationen und tagtäglichen Herausforderungen, die die Durchführung der ärztlichen Weiterbildung mit sich bringt, gibt es dennoch viele Vorteile Assistenzärzte zu beschäftigen. In vielen Lehrsituationen und Untersuchungen bei denen ein Facharzt einem Assistenzarzt etwas zeigt und erklärt, kann man nicht pauschal sagen, wie lange diese Verrichtung ohne Lehr- und Lerntätigkeit gedauert hätte. Es gilt dabei auch zu berücksichtigen, dass in gewissen Situationen weniger Personen anwesend wären, wenn keine Weiterbildung stattfinden würde.[294] Insofern kann es durch die Unterstützung der Assistenzärzte auch schneller voran gehen. Des Weiteren übernehmen sie Aufgaben, wie das Blut abnehmen, die Stationsbetreuung, den Verbandswechsel auf der Intensivstation und die zeitaufwendige Patientenaufklärung vor einer Operation.[295] Da ihr Examen noch nicht lange her ist, haben die Assistenzärzte ein breites allgemein medizinisches Wissen. Dr. Oliver Arnold, Oberarzt der Klinik für Allgemein-, Viszeral- und Thoraxchirurgie dazu: „Oft können Assistenzärzte noch ein EKG selbst auswerten. Wir (die Oberärzte) sind schon so lange in unserem Fach-

[293] Gespräche mit Assistenzärzten der Allgemeinen Chirurgie und der H-N-O-Klinik.
[294] Vgl. Dubach, P., Spycher, S. (2006), S. 15.
[295] Siehe auch die beispielhaften Tagesabläufe eines Assistenzarztes in Kapitel 2.3.2..

gebiet, dass wir dafür einen Kardiologen dazu holen würden."[296] Da sie ein relativ geringes Gehalt bekommen, sind die Personalkosten bei solchen Tätigkeiten, die sonst ein Facharzt durchführen müsste, geringer. Auch die Dienste am Wochenende und in der Nacht werden von Assistenzärzten übernommen. Allerdings muss einschränkend hinzugefügt werden, dass immer auch ein Oberarzt in Rufbereitschaft Tag und Nacht zur Verfügung steht. Dass durch Fehlentscheidungen Folgekosten entstehen ist nicht von der Hand zu weisen. Ob diese allerdings immer nur von Assistenzärzten getroffen werden ist eher fraglich. Dadurch, dass Assistenzärzte vermehrt nachfragen und eventuell auch mehr diagnostische Tests durchführen, kann dies auch zu Fehlervermeidungen und dadurch bedingt zu Einsparungen führen. Es wird eine gute Fehlerkultur[297] gefördert, die wahrscheinlich nicht in diesem Ausmaß bestehen würde, wenn keine Weiterbildung durchgeführt würde.[298] Auch die täglichen Übergabebesprechungen sind nicht als Lehrveranstaltung zu werten, sondern eher als Qualitätssicherungsmaßnahme sowie für den reibungslosen Ablauf notwendige Rücksprache. Bei Gesprächen jeglicher Art ist es generell sehr schwierig zu sagen, ob und in welcher Höhe dadurch Mehrkosten entstehen, dass Assistenzärzte anwesend sind. Unterhalten sich zwei Chefärzte über ein Problem ist das Gespräch nicht unbedingt von kürzerer Dauer, man diskutiert allenfalls auf einem höheren Niveau.[299] Dabei werden die Lehrgespräche durchaus auch von den Ärzten begrüßt, die die Weiterbildung zum Facharzt bereits erfolgreich abgeschlossen haben. Sie geben an, dass das Weitergeben von Wissen sie ebenfalls fordert und dazu beiträgt auf dem aktuellen Stand zu bleiben.[300]

Der Hauptgrund für die Durchführung der ärztlichen Weiterbildung ist die Recruitierung neuer Ärzte.[301] Den Nachwuchs im eigenen Haus weiterzubilden verringert Recruitierungskosten und beide Parteien wissen, was sie erwartet. Allerdings

---

[296] Gespräch mit Dr. Oliver Arnold, erlösmanagender Oberarzt der Klinik für Allgemeine Chirurgie des Klinikums Nürnberg.

[297] Die Fehlerkultur ist die Art und Weise, einer Gesellschaft, Gruppierung oder ähnliches, mit Mängeln und Fehlern umzugehen. Eine gute Fehlerkultur ist dann gegeben, wenn die Gruppierung in der Lage ist, die Fehler ohne Schuldzuweisungen zu analysieren, und lösungsorientiert zu arbeiten, wodurch Fehler ausgemerzt werden.

[298] Vgl. Dubach, P., Spycher, S. (2006), S. 16.

[299] Vgl. Dubach, P., Spycher, S. (2006), S. 31.

[300] Gespräche mit Fach- und Oberärzten der Allgemeinen Chirurgie und der H-N-O-Klinik des Klinikums Nürnberg.

[301] Fragen an Herrn Dr. Alfred Estelmann, Vorstand des Klinikums Nürnberg, siehe Anhang S. 126.

bilden Großkliniken wie das Klinikum Nürnberg weit über ihren eigenen Bedarf aus, vor allem für eine flächendeckende Versorgung im niedergelassenen Bereich ist dies unbedingt notwendig. Dass mangelnde Bewerber durchaus dazu führen können verstärkt um Assistenzärzte zu werben, zeigen auch strukturiert angelegte Weiterbildungsprogramme von Krankenhäusern in privater Trägerschaft.[302]

Insgesamt lässt sich sagen, dass neben allen nachweisbaren Kosten der ärztlichen Weiterbildung sie ebenfalls Vorteile sowie Einsparpotenziale mit sich bringt. Diese sind in Tabelle 8 zur besseren Veranschaulichung nochmals zusammengefasst.

Gegenüberstellung von Vor- und Nachteilen der Beschäftigung von Assistenzärzten (AÄ): Tabelle

Pro	Contra
• AÄ verdienen weniger, machen Stationsarbeit, assistieren bei OPs • Betreuen Ambulanz, übernehmen Dienste (Nachtdienst usw.) • AÄ übernehmen zeitaufwendige Patientenaufklärung vor der OP • Eigener Nachwuchs fürs Klinikum • Breiteres allgemeines medizinisches Wissen • Positives Image fürs Klinikum • Wissen weiter zu geben schult OÄ • Bessere Fehlerkultur und Fehlervermeidung	• Zeitliche Verzögerungen durch Erklärungen • Längere OPs mit erhöhter Personalbindung • AÄ führen mehr Diagnostik durch • Schwierigere OP-Planung • Fehlende Routine, teilweise Doppeluntersuchungen • Wartezeiten bei Rückfragen • Fehlende Kodiererfahrung • Entstehende Folgekosten durch suboptimale Entscheidungen der AÄ

Tab. 8: Gegenüberstellung von Vor- und Nachteilen der Beschäftigung von Assistenzärzten[303]

Die ärztliche Weiterbildung ist gesellschaftlich gewollt und unverzichtbar. Entscheidungen wegen Sparmaßnahmen die Weiterbildung zurückzuschrauben sind eine sehr kurzfristige Perspektive, denn alle werden krank und benötigen irgendwann einen Facharzt, der ihnen hilft.[304] Prof. Dr. Viktor Bonkowsky, Chefarzt der HNO-Klinik: „Es darf eigentlich nicht sein, dass man als budgetverantwortlicher

[302] Vgl. Deutscher Ärzte-Verlag (2008a) sowie Telefoninterview mit Herrn Oliver Heitz, Bereichsleiter Personal der SRH Klinken GmbH am 13.06.2008, siehe Anhang S. 123-125 und die Homepages: www.helios-kliniken.de/index.php?id=2809 und www.initiative-neue-aerzte.de/?FOLDERID=6.

[303] Quelle: Eigene Darstellung, Zusammenfassung von verschiedenen Gesprächen mit Ärzten der Allgemeinen Chirurgie und der H-N-O-Klinik des Klinikums Nürnberg.

[304] Gespräch mit Prof. Dr. Viktor Bonkowsky, Chefarzt der HNO-Klinik am 08.10.2008.

Chefarzt darüber nachdenken muss, ob man nicht lieber selbst den operativen Eingriff durchführt und somit schneller fertig ist und so gesehen mehr Geld für diesen Eingriff bekommt, als ihn einem Assistenzarzt zu übergeben." Wegen solcher Überlegungen muss ein Weg gefunden werden für weiterbildende Krankenhäuser einen finanziellen Ausgleich zu schaffen. Verschiedene Möglichkeiten dazu werden im folgenden Abschnitt aufgezeigt.

5.5.2. Mögliche Finanzierungsformen der ärztlichen Weiterbildung

Nachdem die ärztliche Weiterbildung unter verschiedenen Kostenaspekten betrachtet wurde, bleibt noch die Frage zu beantworten wie diese finanziert werden kann. Wie bereits in Kapitel 3.3 dargestellt befinden sich weiterbildende Krankenhäuser im Moment in einer finanziell schwierigen Situation. Damit die Weiterbildungsqualität nicht leidet und auch weiterhin ärztliche Weiterbildung in ausreichender Form stattfindet, muss diese zusätzlich finanziert und dafür eine adäquate **Finanzierungsmöglichkeit** gefunden werden.

In der Diskussion um die Finanzierung der ärztlichen Weiterbildung werden immer wieder Stimmen laut, die diese Weiterbildung als ein privates Gut sehen, welches dem Nutznießer bessere Berufs- und Karrierechancen eröffne. Daher müsse dieser auch selbst für die Kosten seiner Weiterbildung aufkommen.[305] Diese These ist allerdings nicht haltbar. Zum einen ist der Facharzttitel eine Voraussetzung zur selbständigen Berufsausübung[306] und zum anderen handelt es sich nicht um ein im akademischen Sinne strukturiertes Weiterbildungsangebot, sondern gleicht eher einem Berufspraktikum. Für ein solches ist hingegen die Dauer von fünf bis sechs Jahren zu lang. Nutznießer der ärztlichen Weiterbildung sind nicht nur die Ärzte selbst, sondern auch die Gesellschaft. Ein Mangel an Fachärzten ist gesellschaftlich nicht wünschenswert.[307] Außerdem **tragen** die **Assistenzärzte** durch die Erbringung ihrer Arbeitsleistung zu einem vergleichsweise tiefen Lohn bereits **zu einem Teil der Finanzierung bei**. Zusätzlich kümmern sich die Assistenzärzte um den Großteil der theoretischen Weiterbildung in ihrer Freizeit

[305] Vgl. Dubach, P., Spycher, S. (2006), S. 40 und 41.
[306] Vgl. Büttner, J. (2004), S. 32.
[307] Vgl. Roeder, N. (2008), Folie 20.

selbst. Sie besuchen Kurse sowie Seminare und widmen sich dem Literaturstudium.[308]

Bisher wurde ebenfalls häufig argumentiert, dass die Weiterbildungskosten **in den DRGs bereits eingepreist** seien. Doch selbst dann würden Krankenhäuser, die tatsächlich weiterbilden gegenüber Krankenhäusern, die dies nicht tun benachteiligt werden.[309] Daher wurde bereits auf dem 108. Deutschen Ärztetag 2005 ein Antrag an die Bundesärztekammer gestellt, die ärztliche Weiterbildung in den DRGs besser abzubilden.[310] Die Vergütung in den operativen Fächern richte sich nach den Schnitt-Naht-Minuten, die seien aber unter der Durchführung von Weiterbildung verlängert und somit entstünden wirtschaftliche Nachteile für die weiterbildenden Krankenhäuser. In der Auswertung des BMG-Fragenkatalogs zu den Erfahrungen mit der DRG-Einführung wird als eine Lösung der **Einbezug von Gleichzeitigkeitsfaktoren** vorgeschlagen.[311] Ein Assistenzarzt darf wegen der rechtlichen Absicherung keine Operation ohne Beaufsichtigung durch einen Facharzt durchführen.[312] Durch die Berücksichtigung eines Gleichzeitigkeitsfaktors, der den dadurch entstehenden doppelten Personalbedarf abbildet, könnte man diesen Mehraufwand für weiterbildende Krankenhäuser, bei DRGs für operative Leistungen, berücksichtigen.

Eine andere Möglichkeit wäre für weiterbildende Krankenhäuser einen **anderen Basisfallwert** zu bestimmen. Im australischen AR-DRG-System, dem Ausgangsmodell des deutschen G-DRG-Systems, ist beispielsweise die Basisrate vom Versorgungsgrad der Krankenhäuser abhängig.[313] Großstadt- und Lehrkrankenhäuser sind wegen der strukturbedingt höheren Kosten in der nationalen Kostenerhebung separat ausgewiesen.[314] Das Hauptargument hierfür ist ebenfalls, dass Krankenhäuser, die die ärztliche Weiterbildung durchführen eine durchschnittliche längere Operationszeit haben, bei der meist auch noch mehr Ärzte gebunden sind. Durch eine höhere Basisrate für weiterbildende Krankenhäuser und eine

---

308 Gespräche mit Assistenzärzten der H-N-O-Klinik und der Allgemeinen Chirurgie.
309 Vgl. Van Aken, H., Hiddemann, W., Steinau, H.-U., Encke, A. (2007).
310 Deutscher Ärztetag (108.) am 03. bis 06.05.2005.
311 Vgl. Arbeitsgemeinschaft der Wissenschaftlichen Medizinischen Fachgesellschaften (2007), S. 24.
312 Vgl. Wienke, A. (2002), S. 462.
313 Vgl. Friedrich, U. (2002b), S. 483.
314 Vgl. Polei,G. (2000).

niedrigere für nicht-weiterbildende, könnte eine Chancengleichheit besser gewährleistet werden.

Ein weiterer Weg mehr Leistungsgerechtigkeit in die Finanzierung der unterschiedlichen Krankenhaustypen zu bringen sind **Zu- bzw. Abschlagszahlungsregelungen**.[315] In der Wirtschaft gibt es bereits ähnliche Diskussionen einer **Umlagefinanzierung**[316] der Ausbildung. Dabei sollen Betriebe ab einer bestimmten Größe, wenn sie keine Auszubildenden beschäftigen, einen Ausbildungsabschlag zahlen, der den ausbildenden Betrieben zu Gute kommt. Diesem Prinzip folgend müssten bei einer solchen Regelung Krankenhäuser die nicht weiterbilden einen Weiterbildungsabschlag zahlen. Dieser würde dann gesammelt und als Zuschlag an die Krankenhäuser ausbezahlt, die die ärztliche Weiterbildung durchführen. Für die Krankenpflegeausbildung existiert ein derartiges System bereits.[317] Eine andere Möglichkeit mit Zuschlägen für mehr Gerechtigkeit zu sorgen, findet sich in dem Gutachten zum Anpassungsbedarf der Vergütung von Krankenhausleistungen für 2008. Dort wird vorgeschlagen **für jeden Weiterbildungsassistenten einen Weiterbildungszuschlag** an das ihn beschäftigende Krankenhaus zu zahlen.[318] Damit sollen die ökonomischen Risiken der Krankenhäuser, die Weiterbildung durchführenden, minimiert werden. Um einen Missbrauch vorzubeugen, wird angeregt den Zuschuss mit Hilfe einer zeitlichen Komponente, innerhalb derer der Abschluss erreicht werden muss, an den Weiterbildungserfolg zu knüpfen.

Im G-DRG-System besteht während der Konvergenzphase die Möglichkeit **krankenhausindividuelle Zusatzentgelte** zu vereinbaren.[319] Dies wurde vor allem für teure Medikamente und besondere Behandlungsmethoden genutzt, im Zuge dessen ist es sogar möglich krankenhausindividuelle, meist fachspezifische, DRGs herzuleiten und deren Abrechnung zu vereinbaren.[320] Diese Zusatzentgelte stellen zunächst keine zusätzlichen finanziellen Mittel dar, sondern helfen die Leistung der Krankenhäuser transparenter abzubilden. Die Leistungen, für die ein Zusatzentgelt vereinbart wurde, werden aus dem DRG-Abrechnungssystem ausgeglie-

---

[315] Vgl. Kraus, W. (2001), S. 42.
[316] Vgl. Stender, J. (2006), S. 121-126.
[317] Vgl. Wagner-Fallasch, E. (2004), S. 25.
[318] Vgl. Roeder, N., Fiori, W., Bunzemeier, H. (2007), S. 30.
[319] Vgl. Roeder, N., Hensen, P., Fiori, W., u.a. (2004), S. 566.
[320] Vgl. Roeder, N., Fiori, W., Wenke, A. (2006), S. 120.

dert und erhöhen somit den Basisfallwert des Krankenhauses, da sie vor der Ermittlung des krankenhausindividuellen Basisfallwertes vom vereinbarten Budget abgezogen werden.[321] Prinzipiell wäre auch dies eine Option für die Finanzierung der ärztlichen Weiterbildung. Mit Ende der Konvergenzphase und der Einführung eines einheitlichen Basisfallwertes, ließe sich dieser dadurch wohl nicht mehr anpassen. Allerdings bestünde die Möglichkeit die ärztliche Weiterbildung als zusätzliche erbrachte Leistung zu den DRG-Fällen, z.B. als Weiterbildungspauschale extra zu vergüten.

Die Tatsache, dass die ärztliche Weiterbildung bisher nicht finanziert wurde, zeigt erste Auswirkungen, dahin gehend, das immer weniger Krankenhäuser diese Aufgabe übernehmen[322] und ein Facharztmangel droht. Für viele Krankenhäuser gestaltet sich die Rekrutierung neuer Ärzte bereits schwieriger als noch vor wenigen Jahren.[323] Es gibt allerdings auch Krankenhäuser in privater Trägerschaft, die bewusst gegen diesen Trend angehen und strukturierte Weiterbildungsprogramme entwickelt haben. Sie haben im Gegensatz zu den großen kommunalen Krankenhäusern, den Vorteil über die Verwendung **erwirtschafteter Gewinne** selbst bestimmen zu können. Dadurch können sie auch solche Programme selbst finanzieren. So führte z.B. die Helios Kliniken GmbH eine Umfrage[324] unter den dort beschäftigten Assistenzärzten durch und entwickelte das Programm AiW-Extra. Auch die SRH Kliniken GmbH hat ein solches Programm für eine strukturierte ärztliche Weiterbildung mit dem Titel: Initiative Neue Ärzte entwickelt. Beide Programme werben mit einer durchgeplanten Weiterbildung, die sämtliche notwendigen Kurse enthält und zusätzlich über viele weitere außerfachliche Kurse verfügt.[325] Die ärztliche Weiterbildung soll so zu einem schnellen Erfolg führen und den Kliniken den eigenen Nachwuchs sichern.[326] Insofern nehmen diese Krankenhäuser zwar die Aufgabe der ärztlichen Weiterbildung wahr, werden es allerdings vermeiden über den eigenen Bedarf hinaus weiterzubilden, wie es z.B.

321 Vgl. Roeder, N., Hensen, P., Fiori, W., u.a. (2004), S. 572.
322 Fragen an Herrn Dr. Alfred Estelmann, Vorstand des Klinikums Nürnberg, siehe Anhang S. 126.
323 Telefoninterview mit Herrn Oliver Heitz, Bereichsleiter Personal der SRH Klinken GmbH am 13.06.2008, siehe Anhang S. 123 – 125.
324 Vgl. Fotuhi, P., Siegrist, M., Vogel, S., u.a. (2007).
325 Homepage der Helios Kliniken GmbH: www.helios-kliniken.de/index.php?id=2804 und Homepage der SRH Kliniken GmbH: www.initiative-neue-aerzte.de/?FOLDERID=6.
326 Telefoninterview mit Herrn Oliver Heitz, Bereichsleiter Personal der SRH Klinken GmbH am 13.06.2008, siehe Anhang S. 123 – 125.

im Klinikum Nürnberg der Fall ist. Um eine umfassende fachärztliche Versorgung weiterhin zu gewährleisten, ist daher die finanzielle Absicherung der weiterbildenden Krankenhäuser über eine der genannten Möglichkeiten dringend notwendig. Allerdings muss dabei der Aspekt der Mitbestimmung berücksichtigt werden, denn wer zahlt, möchte auch mitbestimmen.

6. Zusammenfassung und Ausblick

Ziel der vorliegenden Ausarbeitung ist es, exemplarisch darzustellen, wie hoch die ärztlichen Weiterbildungskosten tatsächlich sind. Dabei wurde der Untersuchungsschwerpunkt auf zwei chirurgische Fächer gelegt und insbesondere der OP-Bereich näher betrachtet. Die entstehenden Mehrkosten durch die Durchführung ärztlicher Weiterbildung stehen schon länger im Fokus der Diskussionen um mehr Leistungsgerechtigkeit zwischen den verschiedenen Krankenhäusern. Leider fehlt ihr bisher eine solide Datenbasis. Diese Ausarbeitung trägt dazu bei die These, dass die ärztliche Weiterbildung Mehrkosten verursacht, zu untermauern. Sie stellt eine Ausgangsbasis dar, auf der weitere Studien sowie zusätzliche Datenerfassungen aufbauen können.

Im Hinblick auf einen sich bereits abzeichnenden Fachärztemangel ist es dringend notwendig die Vorraussetzungen der Krankenhäuser für die Durchführung der ärztlichen Weiterbildung zu verbessern. Zusätzlich motiviert wird die Thematik durch die 2009 endende Konvergenzphase der Einführung des DRG-Abrechungssystems. Ab diesem Zeitpunkt werden alle Krankenhäuser mit dem gleichen einheitlichen Basisfallwert vergütet. Da die ärztliche Weiterbildung bisher nicht zusätzlich finanziell berücksichtigt wird, entsteht dadurch ein Ungleichgewicht der Leistungsverteilung zwischen weiterbildenden und nicht-weiterbildenden Krankenhäusern.

Die ärztliche Weiterbildung ist sehr umfangreich und erfordert eine durchgängige sowie intensive Betreuung durch erfahrene Ärzte. Sie ist klar von der ärztlichen Ausbildung und der ärztlichen Fortbildung abzugrenzen. Diese Abgrenzung erfolgt in Kapitel 2. Des Weiteren wird auf deren Aufbau und gesetzlichen Hintergründe näher eingegangen. Um einen besseren Eindruck der Tätigkeiten eines Assistenzarztes zu vermitteln, finden sich dort ebenfalls beispielhafte Tagesabläufe eines Assistenzarztes der H-N-O-Klinik sowie der Allgemeinen Chirurgie. Es wird deutlich, dass Assistenzärzte in ihrer täglichen Arbeit sehr viel leisten aber auch vieles lernen müssen und hierbei auf Unterstützung angewiesen sind.

Mit der erneuten Änderung der Krankenhausfinanzierung durch die Einführung eines Diagnosis-Related-Groups (DRG) – Systems, hat sich die Problematik verschärft, unter steigendem Kostendruck eine qualitativ und quantitativ ausreichende ärztliche Weiterbildung durchzuführen. Konkrete Auswirkungen für die Krankenhäuser im Bezug auf die ärztliche Weiterbildung werden im 3. Kapitel dargelegt. Eine mit der Finanzierungsumstellung einhergehende Prozessoptimierung ist zwar wünschenswert, sollte aber nicht auf Kosten der Weiterbildung stattfinden. Weiterbildende Krankenhäuser sehen sich verschiedenen wirtschaftlichen Herausforderungen gegenüber und Ärzte tragen immer mehr auch die ökonomische Verantwortung für ihr Handeln. Leider fehlt die gesetzlich vorgeschriebene Begleitforschung zur Einführung des DRG-Systems weitestgehend, so dass neue Studien und Datenerhebungen erforderlich sind.

Das deutsche DRG-System wurde nach dem Vorbild des australischen A-DRG-Systems entwickelt. Es bietet sich daher an näher zu klären, wie die ärztliche Weiterbildung in Australien finanziert wird. Im Austausch mit Mitarbeitern des australischen Gesundheitsministeriums stellte sich heraus, dass das Problem der Unterfinanzierung der Weiterbildung durch eine andere Strukturierung nicht in dem Ausmaß existiert wie im Moment in Deutschland. Dies bildet den ersten Teil des 4. Kapitels. Für den zweiten Teil wurde mit dem Verein SwissDRG Kontakt aufgenommen. Die Schweiz führt ab 2009 ebenfalls ein DRG-System zur Abrechung der erbrachten Krankenhausleistungen ein. Als Ausgangsbasis orientieren sie sich dabei am deutschen System. Für die Umsetzung wurde ein Kooperationsvertrag mit dem deutschen Institut für das Entgeltsystem im Krankenhaus (InEK) geschlossen. Den Weg zu einer leistungsgerechten Krankenhausfinanzierung gemeinsam zu beschreiten scheint eine gute Lösung. Denn auch in der Schweiz wurde das Problem der Nichtberücksichtigung der ärztlichen Weiterbildung erkannt und eine breite Studie in Auftrag gegeben.[327] Es bleibt zu hoffen, dass die gemeinsame Zielverfolgung zu einem schnelleren Erfolg führt.

Das darauf folgende Kapitel stellt den Kernpunkt dieser Arbeit dar. Die dort beschriebenen durchgeführten Datenerhebungen konzentrieren sich auf den OP-

[327] Vgl. Dubach, P., Spycher, S. (2006).

Bereich. Es wird an jeweils einer Eingriffsart in der Allgemeinen Chirurgie sowie in der H-N-O-Klinik des Klinikums Nürnberg gezeigt, dass die durchschnittlichen Operationszeiten der Assistenzärzte im Vergleich zu denen der Fachärzte verlängert sind. Überraschender Weise handelt es sich dabei in beiden Fachbereichen um eine Anteilsverschiebung an der Anzahl der jeweils durchgeführten Eingriffe im Verhältnis zur benötigten Zeit um ca. 5%. Zur Ermittlung weiterer, durch die Weiterbildung bedingter Operationszeitverlängerungen, wird dieses Ergebnis in eine allgemeine Formel überführt. In einem nächsten Schritt werden die zusätzlich benötigten OP-Minuten mit Kosten belegt. Dabei stellt sich unter anderem heraus, dass allein durch die Durchführung der in der Weiterbildungsordnung für jeden Assistenzarzt in der Allgemeinen Chirurgie vorgeschriebenen 25 Cholezystektomien, Mehrkosten von 4.300€ entstehen. Rechnet man diesen Wert auf die während der Weiterbildung insgesamt durchzuführenden 435 Operationen hoch, ergeben sich jährlich zusätzliche Kosten, allein im OP-Bereich pro Assistenzarzt in Höhe von 12.500€. Es kann daher davon ausgegangen werden, dass die ärztlichen **Weiterbildungskosten pro Jahr und Assistenzarzt bei ungefähr 15.000€ bis 20.000€ liegen,** wenn man auch andere Bereiche wie beispielsweise die Ambulanz sowie Kurse und Seminare berücksichtigt. Für den Untersuchungsort, das Klinikum Nürnberg, bedeutet dies Mehrkosten von 6.000.000€ jährlich.

Zum Abschluss erfolgt noch die genauere Betrachtung des Ambulanzbereiches beider untersuchten Kliniken. Mit der DRG-Einführung hat dieser Bereich durch die Patientenzuteilung zu einem klinischen Behandlungspfad an Bedeutung gewonnen. Durch den Einsatz von Assistenzärzten, die während der Beobachtungstage sechs bis acht Mal täglich zusätzlich die Unterstützung eines Oberarztes benötigten, entstehen Warte- bzw. Leerlaufzeiten von durchschnittlich 13 Minuten, bis ein Oberarzt in der Ambulanz der H-N-O-Klinik eintrifft. Neben den OP-Kosten stellt dies daher eine nicht unwesentliche zusätzliche finanzielle Belastung der weiterbildenden Kliniken dar. Eine Umfrage unter allen Ärzten der beiden Kliniken hat gezeigt, dass der Verantwortungs- und Autonomiegrad mit zunehmenden Berufsjahren steigt. Ziel der Weiterbildung muss es sein, diesen Anstieg für die Assistenzärzte zu realisieren. Zusammenfassend haben die Datenerhebungen sehr deutlich gezeigt, dass **die ärztliche Weiterbildung vor allem eines**

braucht: Zeit. Zeit für Erklärungen, Zeit für Fragen und Zeit die Handgriffe einer Operation zu erlernen.[328] Der steigende Kostendruck, der optimierte Prozessabläufe mit sich bringt, lässt genau diese Zeit dafür nicht zu. Nur indem man diesen Druck von weiterbildenden Kliniken nimmt, kann die Qualität der ärztlichen Weiterbildung gesichert werden. Verschiedene Finanzierungsmöglichkeiten werden zum Ende des 5. Kapitels dargestellt.

Die Intensivierung des Wettbewerbs der Krankenhäuser untereinander hat bereits zu einer Veränderung der Krankenhauslandschaft geführt. Krankenhäuser in öffentlicher Trägerschaft sind im Vergleich zu Krankenhäusern in privater Trägerschaft in zwei Punkten deutlich benachteiligt.

- Sie sind von ihren Eigentümern darauf verpflichtet, stellvertretend für diese deren kommunalen Versorgungsauftrag wahrzunehmen. Das heißt, sie müssen Leistungen auch dann vorhalten bzw. durchführen, wenn diese (noch) nicht nachgefragt oder unterfinanziert sind. Sie dürften weder ihre Leistungsbereitschaft im Bereich der Notfallversorgung einschränken noch die Versorgung von Patienten bei fehlender Kostendeckung abweisen. Außerdem haben sie von Ihren Trägern in der Regel den Auftrag, über ihren eigenen Bedarf hinaus aus- bzw. weiterzubilden, um Schulabgängern eine Perspektive zu eröffnen und die ärztliche Versorgung in der Fläche sicherzustellen.
- Sie sind an die Kostenstrukturen des öffentlichen Dienstes (Tarifrecht, Zusatzversorgungskasse, Vergaberecht) und die Krankenhausfinanzierung durch die Länder gebunden. Das heißt, Mittel für Investitionen werden ihnen erst mit einer Verzögerung von mehreren Jahren nach Vorlage des Investitionsplans zur Verfügung gestellt und sie können kein zusätzliches Eigenkapital über den Kapitalmarkt beschaffen. Zum anderen haben sie Nachteile im Wettbewerb um qualifiziertes Personal. Krankenhäuser in privater Trägerschaft stellen durch die Möglichkeit außertarifliche Verträge abzuschließen, oft den attraktiveren Arbeitgeber dar.[329]

[328] Vgl. Flenker, I. (2005).
[329] Vgl. Schmidt, C., Gabbert, F., Engler, F., Möller, J. (2003), S. 296 und 297.

Eine regelrechte **Privatisierungswelle** führt dazu, dass immer mehr Krankenhäuser aus öffentlichen Trägerschaften aufgekauft und in private Krankenhausketten eingegliedert werden.[330] Dabei haben Krankenhäuser in öffentlicher Trägerschaft eine hohe wirtschaftliche und gesellschaftliche Bedeutung. Sie sind in den Städten und Gemeinden oft einer der größten Arbeitgeber[331] und sichern die Krankenversorgung „rund um die Uhr". Als Zentren der Forschung und Lehre sowie Stätten der Aus-, Fort- und Weiterbildung erlangen sie zusätzlich ein großes politisches Gewicht, da sie diese Aufgaben beispielsweise weit über den eigenen Bedarf hinaus wahrnehmen. Enorme Kostensteigerungen z.B. durch tarifliche Lohnerhöhungen und Energiepreissteigerungen, strapazieren die aktuelle finanzielle Situation der Krankenhäuser.[332] Damit geht auch die Weiterbildungsaktivität zurück und ein Fachärztemangel ist bereits absehbar. Auch die Assistenzärzte fürchten längst um die Qualität ihrer Weiterbildung und fordern eine stärkere Strukturierung und die Verankerung der Weiterbildung, vertraglich bindend, im Tarifvertrag.[333] Nur durch einen **finanziellen Ausgleich** für weiterbildende Krankenhäuser können Anreize gesetzt werden, diese weiterhin qualitativ und quantitativ ausreichend durchzuführen, denn wie Prof. Dr. Ingo Flenker, Präsident der Ärztekammer Westfalen-Lippe, sagte: „Wer in die Weiterbildung investiert, investiert in die Qualität der künftigen Versorgung."[334]

330 Vgl. Schmidt, C., Möller, J., Gabbert, T., u.a. (2004), S. 1212 und Blum, K., Offermanns, M., Perner, P. (2007), S. 8 und 9.

331 Vgl. Neubauer, G., Beivers, A., Grüneberg, T., Pietsch, G. (2008) und Schmidt, C., Gabbert, F., Engler, F., Möller, J. (2003), S. 297.

332 Vgl. Geschäftsstelle der deutschen Krankenhausgesellschaft (2008), S. 26.

333 Vgl. Büttner, J. (2004) und Wagner-Fallasch, E. (2004).

334 Flenker, I. (2005).

Anhang

Behandlungspfad Cholezystektomie:

Pfadname	**Cholezystektomie**
DRG-Bezeichnung	H07: Cholezystektomie mit oder ohne sehr komplexe Diagnose H08: laparoskopische Cholezystektomie mit oder ohne sehr komplexe Diagnose
Einschlusskriterien	OP laparoskopisch, konventionell oder umgestiegen OP als selbständiger Eingriff Pfad für Fälle ohne sehr komplexe Diagnose
uGVD	H07: 3 (ohne sehr komplexe Diagnose) H08: 1 (ohne sehr komplexe Diagnose)
mGVD	H07: 11,1 (ohne sehr komplexe Diagnose) H08: 5,7 (ohne sehr komplexe Diagnose)

Pfadschritt	**Zustän-digkeit**	**Memodokument**
Gruppe vorstationär:		
START	Doc Amb	
Erstkontakt Ambulanz	Doc Amb	Oberbauchbeschwerden ? Ernährungsgewohnheiten, Nahrungsmittelunverträglichkeiten? Anamnese bzgl. Steinkomplikationen (Koliken, Ikterus, Pruritus, Stuhl-, Harnverfärbung, Pankreatitis) Begleiterkrankungen: Diabetes mellitus, Hyperlipidämie, M.Crohn, Ulcera, Urolithiasis Pflichtfragen: Allergien, Medikamente, Voroperationen OP-Narben? Ikterus? Druckschmerz, Resistenz re Oberbauch?
Diagnostik, Aufklärung	Doc Amb	kleines Blutbild, PI, PTT, Na, K, Crea, AP, y-GT, G-Bili, D-Bili, GOT, GPT, Lipase, BG EKG ab 40a Sono Abdomen: Nachweis Cholezystolithiasis, Ausschuss Choledocholithiasis, Ausschluss intra-/extrahepatischer Aufstau, akute/chronische Entzündungszeichen OP-Aufklärung: Umstieg auf konventionellen Zugang, Gallele-

		ckage, schwere Blutung, DHC-Verletzung mit Folgeoperationen, Thrombose Gastroskopie: Ulcus? Gastritis? duodenogastraler Reflux? Papillitis? ERCP bei V.a. Choledocholithiasis klinisch, bildgebend oder labortechnisch CT nur bei Tumorverdacht Rö-Thorax nur bei pulmonaler Anamnese MCC-Eingabe („heute"), Praemedikation
ZPM – Kontrolle	Doc ZPM	Indikation korrekt? Aufklärung erfolgt? Prämedikation erfolgt? ausstehende/fragliche Befunde in MCC vermerkt? Bett gebucht? Unterlagen, Patienteninformation an Patienten ausgehändigt?
Gruppe Aufnahmetag/OP-Tag:		
Aufnahmetag	Pflege	Tageskurven und Akte anlegen bzw. auf Vollständigkeit kontrollieren Pflegeanamnese Abfrage Entlassungsmanagement Arbeitsunfähigkeitsbescheinigung, Attest
Indikationskontrolle	Doc Station	Indikation korrekt? Aufklärung erfolgt? Praemedikation erfolgt? MCC-Eingaben für OP-Planerstellung aktuell? welcher einweisende Arzt? Vorstellung, kurze Anamnese, Untersuchung
OP-Vorbereitung Vorabend	Pflege	Anästhesie Vorgaben /Prämedikation umsetzen Unterlagen auf Vollständigkeit prüfen (EKG; Röntgen, BG, Labor , Aufklärungsbögen Anästhesie und Chirurgie vorhanden) OP-Vorbereitung (Hemd, AE Strümpfe, Haube) Nabelpflege
OP-Vorbereitung OP-Tag	Pflege	OP-Vorbereitung Prämedikation verabreichen Heparin Gabe (Fragmin P 2500IE s.c.)

post-OP check	Doc Station	Kurzer Verbandcheck Sekretmenge in Drainage? inadäquater Schmerz trotz Schmerzstandard?	
	Doc Station	**PFADAUFZWEIGUNG : ZWEIG 1=LAPAROSKOPISCH BEENDET ZWEIG 2=KONVENTIONELL BEENDET**	
Post-OP Versorgung	Pfl	Postoperative Überwachung Infusion – Ringer 2000ml Schmerzmittelgabe nach Schmerzstandard Ab 6 Stunden nach OP trinken, essen nur nach Rücksprache mit Arzt Erstmobilisation	ZWEIG 1
Gruppe post-OP-1:			ZWEIG 1
Visite 1.Post OP-Tag	Doc Station	Wundversorgung nach Standard Sekretmenge in Drainage? Ggf. Drainage entfernen inadäquater Schmerz trotz Schmerzstandard? Besprechung intraOP-Befund Labor bei klinischen Verdachtsmomenten i.v.-Zugang belassen, Infusionen beenden volle Mobilisierung, Basisdiät	ZWEIG 1
Pflege 1.Post OP-Tag	Pflege	Basisdiät (Nachfrage Verträglichkeit) Verbandskontrolle (nur bei Bedarf erneuern) Infusion > Braunüle belassen Kleines Blutbild, Na, K, Crea, GBili, DBili, AP, yGT für den nächsten Tag vorbereiten Fragmin P 0-0-2500 IE s.c.	ZWEIG 1
Entlassmanagement	Pflege	Entlassmanagement ergänzen	ZWEIG 1
Gruppe post-OP-2:			ZWEIG 1
Visite 2.Post OP-Tag	Doc Station	Wundversorgung nach Standard inadäquater Schmerz trotz Schmerzstandard? Kleines Blutbild, Na, K, Crea, GBili, DBili, AP, yGT Erhöhte Cholestaseparameter: dringliche ERCP volle Mobilisierung, Basisdiät	ZWEIG 1

Pflege 2.Post OP-Tag	Pflege	Wunschkost Verbandswechsel (evtl. Drain > nach Arztangabe) Fragmin P 0-0-2500 IE s.c. Entlassmanagement abschließen und entsprechende Maßnahmen einleiten	ZWEIG 1
Gruppe post-OP-3:			ZWEIG 1
Visite 3.Post OP-Tag	Doc Station	Wundversorgung nach Standard inadäquater Schmerz trotz Schmerzstandard? volle Mobilisierung, Wunschkost	ZWEIG 1
Pflege 3.Post OP-Tag	Pflege	Wunschkost Verbandswechsel (evtl. Drain > nach Arztangabe) Fragmin P 0-0-2500 IE s.c. Entlassmanagement abschließen und in Akte abheften	ZWEIG 1
Arztbrief	Doc Station	OP-Besonderheiten, Wundbefund, Fadenzug, Histologie folgt	ZWEIG 1
DRG-Kodierung	Doc Station	erlösrelevante Nebendiagnosen?	ZWEIG 1
Entlassung	Doc Station	AU?, Atteste? vorläufigen Arztbrief mitgeben QS-Bogen abschließen	ZWEIG 1
Eintreffen der Histologie	Doc Station	Konsequenzen? Arztbrief komplettieren und auf OL stellen	ZWEIG 1
DRG – Kontrolle	Doc Station	ggf. DRG anpassen	ZWEIG 1
PFADENDE			ZWEIG 1
(Gruppe Aufnahmetag/OP-Tag)			ZWEIG 2
post-OP check	Doc Station	Verbände? Hauthämatom? Sekretmenge in Drainage? inadäquater Schmerz trotz Schmerzstandard?	ZWEIG 2
Post-OP Versorgung	Pfl	Postoperative Überwachung Infusion – Ringer 2000ml Schmerzmittelgabe nach Schmerzstandard	ZWEIG 2

			ZWEIG 2
Gruppe post-OP-1:			ZWEIG 2
Visite 1.Post OP-Tag	Doc Station	Verbandkontrolle: Hämatom? Infektzeichen? Verbandstandard Sekretmenge in Drainage? Drainage entfernen? inadäquater Schmerz trotz Schmerzstandard? Besprechung intraOP-Befund Labor bei klinischen Verdachtsmomenten i.v.-Zugang belassen, Infusionen beenden volle Mobilisierung, Basisdiät	ZWEIG 2
Pflege 1.Post OP-Tag	Pflege	Kost Basisdiät Verbandskontrolle (nur bei Bedarf erneuern) Infusion > ; Braunüle belassen Kleines Blutbild, Na, K, Crea, GBili, DBili, AP, yGT für den nächsten Tag vorbereiten Fragmin P 0-0-2500 IE s.c.	ZWEIG 2
Entlassmanagement	Pflege	Entlassmanagement ergänzen	ZWEIG 2
Gruppe post-OP-2:			ZWEIG 2
Visite 2.Post OP-Tag	Doc Station	Wundkontrolle: Hämatom? Infektzeichen? Verbandstandard inadäquater Schmerz trotz Schmerzstandard? Kleines Blutbild, Na, K, Crea, GBili, DBili, AP, yGT Erhöhte Cholestaseparameter: dringliche ERCP volle Mobilisierung, Wunschkost	ZWEIG 2
Pflege 2.Post OP-Tag	Pflege	Wunschkost Verbandswechsel (evtl. Drain > nach Arztangabe) Fragmin P 0-0-2500 IE s.c. Entlassmanagement ergänzen	ZWEIG 2
Gruppe post-OP-3:			ZWEIG 2
Visite 3.Post OP-Tag	Doc Station	Wundkontrolle: Hämatom? Infektzeichen? Verbandstandard inadäquater Schmerz trotz Schmerzstandard?	ZWEIG 2

		volle Mobilisierung, Wunschkost	
Pflege 3.Post OP-Tag	Pflege	Wunschkost Verbandswechsel Fragmin P 0-0-2500 IE s.c. Entlassmanagement abschließen und entsprechende Maßnahmen einleiten	ZWEIG 2
Gruppe post-OP-4:			ZWEIG 2
Visite 4.Post OP-Tag	Doc Stati-on	Wundkontrolle: Hämatom? Infektzeichen? Verbandstandard inadäquater Schmerz trotz Schmerzstandard? volle Mobilisierung, Wunschkost	ZWEIG 2
Pflege 4.Post OP-Tag	Pflege	Wunschkost Verbandswechsel Fragmin P 0-0-2500 IE s.c. Entlassmanagement abschließen und entsprechende Maßnahmen einleiten	ZWEIG 2
Gruppe post-OP-5:			ZWEIG 2
Visite 5.Post OP-Tag	Doc Stati-on	Wundkontrolle: Hämatom? Infektzeichen? Verbandstandard inadäquater Schmerz trotz Schmerzstandard? volle Mobilisierung, Wunschkost	ZWEIG 2
Pflege 5.Post OP-Tag	Pflege	Wunschkost Verbandswechsel Fragmin P 0-0-2500 IE s.c. Entlassmanagement abschließen und entsprechende Maßnahmen einleiten	ZWEIG 2
Gruppe post-OP-6:			ZWEIG 2
Visite 6.Post OP-Tag	Doc Stati-on	Wundkontrolle: Hämatom? Infektzeichen? Verbandstandard inadäquater Schmerz trotz Schmerzstandard? volle Mobilisierung, Wunschkost	ZWEIG 2
Pflege 6.Post OP-Tag	Pflege	Wunschkost Verbandswechsel Fragmin P 0-0-2500 IE s.c.	ZWEIG 2

		Entlassmanagement abschließen und entsprechende Maßnahmen einleiten	
Gruppe post-OP-7:			ZWEIG 2
Visite 7.Post OP-Tag	Doc Station	Wundkontrolle: Hämatom? Infektzeichen? Verbandstandard inadäquater Schmerz trotz Schmerzstandard? volle Mobilisierung, Wunschkost	ZWEIG 2
Pflege 7.Post OP-Tag	Pflege	Wunschkost Verbandswechsel Fragmin P 0-0-2500 IE s.c. Entlassmanagement abschließen und in Akte abheften	ZWEIG 2
Arztbrief	Doc Station	OP-Besonderheiten, Wundbefund, Histologie folgt	ZWEIG 2
DRG-Kodierung	Doc Station	erlösrelevante Nebendiagnosen?	ZWEIG 2
Entlassung	Doc Station	AU?, Atteste? vorläufigen Arztbrief mitgeben QS-Bogen abschließen	ZWEIG 2
Eintreffen der Histologie	Doc Station	Konsequenzen? Arztbrief komplettieren und auf OL stellen	ZWEIG 2
DRG – Kontrolle	Doc Station	ggf. DRG anpassen	ZWEIG 2
PFADENDE			

Fragebogen

Liebe Ärztinnen und Ärzte,

ich hoffe, Sie erinnern sich noch an mich. Ich habe im März eine Woche lang Einblicke in Ihren ärztlichen Alltag gesammelt, um einen ersten Eindruck für das Projekt „Darstellung ärztlicher Weiterbildungskosten im Krankenhaus" zu bekommen.

Mittlerweile ist die Arbeit konkreter geworden und ich bin nochmals auf Ihre Mithilfe angewiesen. Bitte nehmen Sie sich ca. 5 Minuten Zeit, meinen kurzen, anhängenden Fragebogen auszufüllen. Bitte lesen Sie die Fragen sorgfältig, antworten Sie jedoch eher spontan, die ersten Eingebungen sind meistens die zutreffenden.

Sie können sich sicher sein, dass Ihre Angaben anonym sind und vertraulich behandelt werden.

Bitte geben Sie den ausgefüllten Fragebogen bis spätestens zum Donnerstag, den **07.08.2008** im Sekretariat ab.

Vielen Dank für Ihre Unterstützung! Über die Ergebnisse informiere ich Sie gerne.

Viele Grüße
Angela Heil

Fragebogen

Zutreffendes bitte ankreuzen.

1. Übernehmen Sie gerne Verantwortung? Ja ☐ Nein ☐

2. Bitte beurteilen Sie folgende Aussagen:

Während meiner täglichen Arbeit…	Trifft voll und ganz zu	Trifft zu	Trifft eher zu	Teils teils	Trifft eher nicht zu	Trifft nicht zu	Trifft überhaupt nicht zu
… bekomme ich viel Verantwortung übertragen.	☐	☐	☐	☐	☐	☐	☐
… würde ich gerne mehr Verantwortung übernehmen.	☐	☐	☐	☐	☐	☐	☐
… kann ich mein Handeln selbst bestimmen.	☐	☐	☐	☐	☐	☐	☐
… kann ich wichtige Entscheidungen selbst treffen.	☐	☐	☐	☐	☐	☐	☐
... bin ich darauf angewiesen Rücksprache mit meinen Kollegen zu halten.	☐	☐	☐	☐	☐	☐	☐

3. Bitte beurteilen Sie folgende Aussagen:

Meine berufliche Weiterentwick-lung ...	Trifft voll und ganz zu	Trifft zu	Trifft eher zu	Teils teils	Trifft eher nicht zu	Trifft nicht zu	Trifft ü-berha upt nicht zu
… verläuft zufrieden stellend.	☐	☐	☐	☐	☐	☐	☐
… kann ich selbst beeinflussen.	☐	☐	☐	☐	☐	☐	☐
… würde ich gerne autonomer gestalten.	☐	☐	☐	☐	☐	☐	☐
… führt zu einer zunehmenden Verantwortungsübernahme.	☐	☐	☐	☐	☐	☐	☐
... befähigt mich zu autonomen Entscheidungen.	☐	☐	☐	☐	☐	☐	☐

4. Wie alt sind Sie?

______ Jahre

5. Wie lange sind Sie schon als Arzt tätig? ______ Jahre

6. Wie viele Jahre davon im Klinikum Nürnberg? ______ Jahre

7. Welchen Arztstatus haben Sie? Assistenzarzt ☐ Facharzt ☐ Oberarzt ☐

Persönliche Anmerkungen:

……………………………………………………………………………………

……………………………………………………………………………………

……………………………………………………………………………………

………………………………

Vielen Dank!!

Gesprächsleitfaden SRH-Klinik, Herr Heitz (Telefoninterview am 13.06.08)

1. Über das Deutsche Ärzteblatt habe ich von Ihrem Konzept „Initiative Neue Ärzte“ erfahren. Was beinhaltet dieses Programm im Einzelnen? Wie und wo werben Sie dafür?

Mit der Initiative wollen wir die Facharztweiterbildung strukturierter und verbindlicher gestalten und um interessante Fortbildungsangebote ergänzen. Das Programm basiert auf drei Säulen, die von weiteren Maßnahmen flankiert werden. Dabei haben wir alle Maßnahmen modular und abhängig vom Weiterbildungsfortschritt aufgebaut. Wir beginnen mit Kursen, die gleich zu Beginn der Weiterbildung sowohl für den Assistenzarzt als auch für die Abteilung einen Nutzen bringen.
Zum einen geht es um die ganz normale Facharztweiterbildung nach Weiterbildungsordnung. Hier haben wir die Logbücher auch für die Zusatzweiterbildungen verpflichtend eingeführt. Ferner stellen wir jedem Assistenzarzt einen Mentor während der gesamten Weiterbildungszeit zur Verfügung. Dafür konnten wir in unseren Häusern erfahrene Oberärzte gewinnen. In der zweiten Säule bieten wir so genannte medizinische Zusatzqualifikationen an wie z.B. Strahlenschutz-, EKG-Grund- und Sonographiekurse, usw.. Parallel laufen Managementkurse, deren Inhalte ebenfalls abhängig vom Fortschritt sind. Das sind beispielsweise Kommunikationstrainings im Umgang mit besonders schwierigen Gesprächssituationen (Sterbende und deren Angehörigen). Uns geht es aber auch um die Vermittlung von betriebswirtschaftlichen Grundlagen zur Krankenhausfinanzierung und der Abrechnung der Leistungen. Ferner werden medizinrechtliche Fragen zur Delegation und Patientenverfügung behandelt.
Der Vorteil unseres Programms ist, dass die Kurse mit in die Dienstpläne eingeplant werden. Insgesamt wird die Weiterbildung so strukturierter und verbindlicher. Ein weiteres Highlight: Die anfallende Kosten (Kursgebühren und Reisekosten) werden vom Arbeitgeber übernommen.
Die Entscheidung, bei welchem Arbeitgeber Assistenzärzte später einmal arbeiten werden fällt, zum Teil sehr früh. Die SRH Kliniken sind immer noch relativ unbekannt. Wir möchten mit der Initiative auch unseren Bekanntheitsgrad erhöhen

und werben daher schon um Famulanten und PJler. Einige Ärzte und Professoren halten Vorträge in Universitäten und versuchen eine erste Bindung aufzubauen.

2. Wie stark ist die Nachfrage bzw. der Zulauf? Können Sie aus den Bewerbern auswählen?

Das können wir im Moment noch nicht sagen. Das Programm ist noch ganz neu. Die Homepage gibt es seit Mai und auf dem Hauptstadtkongress vom 4. - 6.06.08 wurde es in Berlin präsentiert. Insofern ist es eigentlich erst seit Juni publik geworden. Das Feedback bzw. die Reaktionen waren bis jetzt aber sehr positiv und lassen auf einen starken Zulauf hoffen.

3. Wo sehen Sie Ihren Wettbewerbsvorteil?

Mit unserem Programm verbinden wir die Vorteile des SRH Konzerns: Gesundheit und Bildung. Wir betreiben eine gut handhabbare Anzahl von Maximal- und Fachkrankenhäusern. Die jahrzehntelange Erfahrung der SRH in der beruflichen Qualifikation machen wir uns zu Nutze. Diese Verbindung ist einzigartig. Wichtig nach außen ist aber, dass sich ein Bewerber für ein Produkt interessiert und sich damit identifizieren kann. Mit der Initiative Neue Ärzte heben wir uns ab.

4. Worin besteht der Hauptnutzen für Sie? Darin eigenen Nachwuchs heranzubilden?

Wir benötigen Assistenzärzte, da sie wichtig für den täglichen Ablauf sind. Sie übernehmen viele Aufgaben, wofür ein Oberarzt zu teuer ist. Es ist wichtig sich seine eigenen Spezialisten nach zu holen und an unsere Klinik zu binden. Neue Assistenzärzte sind auch immer neu motivierte Mitarbeiter, die eine Bereicherung darstellen. Es ist überhaupt keine Alternative, auf die Weiterbildung gänzlich zu verzichten und ausgebildete Fachkräfte abzuwerben. So hohe Gehälter können wir gar nicht bieten. Die persönliche Bindung an einen Arbeitgeber ist nicht zu unterschätzen.

5. Was ist die Philosophie/die Hauptmotivation dahinter? – wohl kaum purer I-dealismus?!

Wir wollen ein attraktiver Arbeitgeber sein. Die Idee zu diesem Programm ist aus einer Notwendigkeit heraus entstanden. Wir haben festgestellt, dass sich unsere Anzeigekosten für die Anwerbung neuer Assistenzärzte verdoppelt hatten und wir trotzdem kaum Assistenzärzte bekommen haben. Wir mussten uns von den anderen Kliniken abheben. Im Vergleich zu z.B. Helios oder Rhön, die ca. 200 neue Assistenzärzte pro Jahr einstellen, sind wir mit 20-30 zwar viel kleiner, wollen dann aber dennoch für unsere medizinischen Schwerpunkte die Besten haben!

6. Besonders seit der Einführung der DRG-Abrechnung beschweren sich Kliniken, dass die Weiterbildungskosten nicht vergütet werden. Wie finanzieren Sie Ihr aufwendiges Weiterbildungsprogramm? Durch erwirtschaftete Überschüsse aus anderen Bereichen?

Alle SRH Kliniken arbeiten in der Gewinnzone. Unser Vorteil ist die Konzernstruktur: Wir sind kein börsennotiertes Unternehmen, sondern werden von einer Stiftung privaten Rechts getragen. Von den Überschüssen können wir einen Teil unter anderem auch für unser Weiterbildungsprogramm nutzen. Wir sehen dies als Investition in die Zukunft, um uns den steigenden Herausforderungen mit zahlenmäßig ausreichend und hoch qualifiziertem Personal stellen zu können.

7. Würden Sie der These zustimmen, dass das Konzept in diesem Umfang nur in einem Klinikum in privater Trägerschaft mit spezialisierten Schwerpunkten möglich ist?

Ein doppeltes JA! Vor allem, wenn ich mir überlege, dass unser Programm innerhalb von drei Monaten entwickelt wurde. Das ist nur mit einem privaten Träger möglich. Bei uns kommt natürlich noch die Besonderheit dazu, dass der Bildungspartner schon da war. Muss ein anderes Haus sich diesen erst noch suchen und dann umständlich und langwierig Kooperationsverträge abschließen, kann es allein schon daran scheitern! Öffentliche Häuser und Universitäten sind in ihren

Abläufen im Allgemeinen zu träge. Das dauert alles zu lange, ist zu kompliziert und sie können über eventuelle Gewinne und deren Verwendung nicht selbst bestimmen, es somit nicht finanzieren.

8. Die SRH Holding teilt sich in Bildung und Gesundheit. Was bezweckt diese enge Verknüpfung von Bildung und Gesundheit - Schulen und Kliniken?

Wir wollen ein attraktiver Arbeitgeber sein, der seinen Mitarbeitern Perspektiven bietet. Angebote für Qualifikationsmaßnahmen können den Mitarbeitern sogar wichtiger sein als ein hohes Gehalt. Bildung und Gesundheit bieten enorme Synergieeffekte, die wir nutzen. Wir haben eigene Hochschulen, auch im Bereich Hotellerie. Dort können wir auch Schulungen für unsere Pflegekräfte aus den Kliniken anbieten. Ein schier unerschöpflicher Pool an Möglichkeiten zur zielgerichteten Qualifikation.

9. Ist diese Verknüpfung ausschlaggebend oder zu mindest einer der Gründe, warum Sie dieses Konzept einführen und durchführen können?

Wir versuchen diese Verknüpfung immer stärker zu nutzen. Sie ist unsere Chance, uns abzuheben. Ohne diesen bestehenden Zusammenhang hätten wir dieses Programm nicht, vor allem nicht so schnell, zusammenstellen können. Jeder sammelt bei uns durch die verschiedenen Kurse Credit Points, auch schon in der Assistenzzeit. Entscheidet sich also jemand noch ein Master-Studium zu machen, hat er bereits Kurse, die ihm angerechnet werden und somit gute Chancen, diese Zusatzqualifikation in kürzerer Zeit zu erreichen. Es sollen auch noch weitere Programme dieser Art folgen. Im Moment richtet es sich besonders an Assistenzärzte, es sollen aber noch welche für Fach- und Oberärzte sowie die anderen Berufsgruppen folgen.

Fragenkatalog zur Weiterbildungsmotivation an Herrn Dr. Alfred Estelmann

1. Wie viele Ärzte befinden sich im Klinikum Nürnberg im Moment in der Facharztweiterbildung?

397 im Jahre 2006

2. Unabhängig von der Verpflichtung eines Krankenhauses der Maximalversorgung zur Weiterbildung, was ist Ihre Motivation dahinter so vielen Ärzten diese Weiterbildung zu ermöglichen?

Eine Verpflichtung zur Weiterbildung gibt es auch für Maximalversorger nicht. Hauptmotivation ist die Einsicht in die Notwendigkeit der Deckung des externen Bedarfes, will heißen Sicherung der Nachfolge für kooperierende Praxen und eigene Personalgewinnung.

3. Was ist der Hauptnutzen des Klinikums dadurch?

siehe Punkt 2.

4. In wie weit hat die Einführung der DRG-Abrechnung bereits die Weiterbildung beeinflusst?

Bei uns derzeit noch keine Beeinflussung, aber wir haben einen erhöhten Anteil von Ärzten die in anderen Krankenhäusern nicht weitergebildet werden.

5. Was würde sich durch eine gewünschte zusätzliche Vergütung für die Weiterbildungsaktivität bei der Weiterbildung in Ihrem Hause ändern?

Es würde dann eine Kostendeckung geschaffen, so dass das Klinikum auf Dauer die Weiterbildung sicherstellen könnte.

6. Worin sehen Sie den Hauptnachteil von reinen Ausbildungskliniken?

Für die Patientenversorgung ist ein Mindestanteil von Entscheidungskompetenten Ärzten erforderlich, da sonst zu lange Reaktionszeiten in der Patientenversorgung entstehen.

Literaturverzeichnis

Abouleish, A., Dexter, F., Whitten, C., u.a. (2004)
Quantifying Net Staffing Costs Due to Longer-than-average Surgical Case Durations, in: Anesthesiology, 100 (2), 403 - 412.
Achterhold, G. (2005)
Der lange Weg bis zur eigenen Operation, in: Hochschulanzeiger, 79, URL: http://www.faz.net/s/RubC369C1C69080485483CF270374650FDE/Doc~E82C97178D9374FFAB4223F5526DAB703~ATpl~Ecommon~Scontent.html [Stand: 28.05.2008].
Afflerbach, F. (2002)
DRGs - Damoklesschwert oder Silberstreif, Was ist nach aktuellem Stand vom neuen Fallpauschalensystem zu erwarten?, in: Deutsche Medizinische Wochenschrift, 127, 5, 187 - 188.
Alberty, J. (2005)
Abbildung der HNO-Heilkunde im G-DRG-System 2006, Universitätsklinikum Münster (Hrsg.), URL: http://www.hno.org/drg/AlbertyDRGs-Mannheim2005.pdf [Stand: 01.09.2008].
Approbationsordnung für Ärzte, ÄAppO (2002)
Geltung ab 01.10.2003, Stand: Geändert durch Art. 3 G v. 21.7.2004 I 1776, Bundesministerium für Gesundheit und soziale Sicherung (Hrsg.), URL: http://www.uni-jena.de/data/unijena_/einrichtungen/dez1/ordnungen/fak10/med11.pdf [Stand: 21.09.2008].
Arbeitsgemeinschaft der Wissenschaftlichen Medizinischen Fachgesellschaften (2007)
Auswertung des BMG-Fragenkatalogs zu den Erfahrungen mit der DRG-Einführung, Bundesministerium für Gesundheit und soziale Sicherung (Hrsg.), URL: http://www.uni-duesseldorf.de/awmf/pdf/bmg-drg-umfrage-langfassung.pdf [Stand: 19.05.2008].
Augurzky, B., Budde, R., Krolop, S., u.a. (2008)
Krankenhaus Rating Report 2008, Qualität und Wirtschaftlichkeit, Rheinisch-Westfälisches Institut für Wirtschaftsforschung (Hrsg.), 41, URL: http://www.essen.de/deutsch/gesundheit/dokumente/Krankenhaus_Rating_Report2008.pdf [Stand: 02.09.2008].
Australian Medical Association (2007a)
Becoming a doctor and bonded medical school places - a guide for prospective medical students, URL: http://www.ama.com.au/web.nsf/doc/WEEN-77M4QX [Stand: 24.05.2008].
Australian Medical Association (2007b)
Promises honoured, no surprises - State budget, URL: http://www.amavic.com.au/index.php?action=view&pid=&view=14748 [Stand: 26.05.2008].

Bauer, M. (2008a)
Intraoperative Prozesszeiten im prospektiven multizentrischen Vergleich: Schlusswort, in: Deutsches Ärzteblatt, 105, 10, 188b.
Bauer, M. (2008b)
BDAktuell, Benchmark Operativer Prozesszeiten (BOP): Aufruf zur Teilnahme an dem neuen Benchmark-Tool des BDA, in: Anästh Intensivmed, 49, 289 - 291.
Bauer, M., Hanss, R., Römer, T., u.a. (2007a)
Apoptose im DRG-System: Weiterbildung und dezentrale Strukturen verhindern wettbewerbsfähige intraoperative Prozesszeiten, in: Anästh Intensivmed, 48, 324 - 334.
Bauer, M., Hanss, R., Römer, T., u.a. (2007b)
Intraoperative Prozesszeiten im prospektiven multizentrischen Vergleich, in: Deutsches Ärzteblatt, 104, 47, A 3252 - 3258.
Bauer, M., Hanss, R., Schleppers, A., u.a. (2004)
Prozessoptimierung im "kranken Haus", in: Anaesthesist, 53, 414 - 425.
Bauer, M., Martin, E. (1999)
Management und Organisationsentwicklung im Krankenhaus, in: Anaesthesist, 48, 687 - 688.
Bayerisches Ministerium für Arbeit und Sozialordnung, Familie und Frauen
Krankenhausplan des Freistaates Bayern, Stand: 1.Januar 2008 (33.Fortschreibung).
Berry, M., Martin, J., Geldner, G., u.a. (2007)
Analyse der IST-Kosten Anästhesie in deutschen Krankenhäusern, - Bezugsjahr 2005 -, in: Anästh Intensivmed, 48, 140 - 146.

Binswanger, R. (2007)
Ärztliches Denken und Handeln im Spital im Wandel, Die Einführung der Diagnosis-related Codes und der Budgetverantwortung der Klinikleiter an Beispielen aus Deutschland, in: Schweizerische Ärztezeitung, 88, 8, 318 - 321.

Blum, K., Offermanns, M., Perner, P. (2007)
Krankenhaus Barometer kompakt, Ergebnisse der Umfrage 2007: Stimmungsbild in deutschen Kliniken, Deutsches Krankenhausinstitut e.V. (Hrsg.),
URL: http://dki.comnetinfo.de/PDF/Barometer%20Kompakt%202007.pdf [Stand: 17.06.2008].

Blum, K., Offermanns, M., Schilz, P. (2006)
Krankenhaus Barometer kompakt, Umfrage 2006, Deutsches Krankenhausinstitut e.V. (Hrsg.), URL: http://dkg.digramm.com/pdf/1475.pdf [Stand: 28.05.2008].

Borg, I. (2002)
Mitarbeiterbefragungen – kompakt, Göttingen.

Braun, B., Buhr, P., Klinke, S., u.a. (2008)
Außer Spesen nichts gewesen ..., ... oder ein (fast) gescheitertes Experiment der Politikfolgenanalyse, Die Begleitforschung zur DRG-Einführung, in: Deutsches Ärzteblatt, 105, 14, A 732 - 735.

Brenn, J. (2005)
Ärztliche Weiterbildung vor großen Herausforderungen, Das 12. Kammerkolloquium der Ärztekammer Nordrhein beschäftigte sich mit den Folgen von Zentrierung und Spezialisierung im Kliniksektor für den ärztlichen Nachwuchs, in: Rheinisches Ärzteblatt, 4, 17 - 18, URL: http://www.aekno.de/archiv/2005/04/017.pdf [Stand: 01.09.2008].

Brökelmann, J. (2005)
Praxiskosten der Operationen nach der Op-Blockierungsmethode, URL: http://www.mao-bao.de/artikel/2005JB_Praxiskosten.htm [Stand: 01.09.2008].

Buchholz, G. (1987)
Krankenhauspolitik, Historische Entwicklung und strukturelle Probleme, Wuppertal, URL: http://opus.bsz-bw.de/fhhv/volltexte/2008/68/pdf/buchholz_krankenhauspolitik_historische_entwicklung_strukturelle_probleme_1987a_A1b.pdf [Stand: 20.07.2008].

Buhr, P., Klinke, S. (2006)
Qualitative Folgen der DRG-Einführung für Arbeitsbedingungen und Versorgung im Krankenhaus unter Bedingungen fortgesetzter Budgetierung, Eine vergleichende Auswertung von vier Fallstudien, Wissenschaftszentrum Berlin für Sozialforschung (Hrsg.), URL: http://skylla.wzb.eu/pdf/2006/i06-311.pdf [Stand: 01.09.2008].

Bundesärzteordnung (BÄO) (2007)
in der Fassung der Bekanntmachung vom 16. April 1987 (BGBl. I S. 1218), zuletzt geändert durch Artikel 4 des Gesetzes vom 2. Dezember 2007 (BGBl. I S. 2686)", Bundesministerium der Justiz (Hrsg.), URL: http://www.bundesrecht.juris.de/b_o/BJNR018570961.html [Stand: 16.06.2008].

Bundesministerium für Gesundheit und soziale Sicherung (2005a)
Schweiz entscheidet sich für das deutsche DRG-System, URL: http://www.die-gesundheitsreform.de/presse/pressemitteilung/dokumente/2005_4/pm_2005-12-21-281.html [Stand: 26.05.2008].

Bundesministerium für Gesundheit und soziale Sicherung (2005b)
Ärztliche Ausbildung in der Bundesrepublik Deutschland, URL: http://www.bmg.bund.de/cln_040/nn_605042/DE/Themenschwerpunkte/Gesundheit/Gesundheitsberufe/aerztliche-Ausbildung-in-der--2161.html [Stand: 27.05.2008].

Burger, R. (o.J.)
Weiterbildung - wie geht das?, URL: http://www.burger-medsystem.de/034e4599f60bc2101/034e4599f40628a02/index.html [Stand: 24.06.2008].

Buttler, G., Fickel, N. (2002)
Statistik mit Stichproben, in: Rowohlts Enzyklopädie, Reinbek/Hamburg.

Büttner, J. (2004)
Fort- und Weiterbildung im Tarifvertrag verankern, Vereinte Dienstleistungsgewerkschaft (Hrsg.), 26, 32 - 33,
URL: http://www.verdi.de/gesundheit-soziales/branchenpolitik/krankenhaeuser/infodienst_krankenhaeuser/data/infodienst_nr__24.pdf [Stand: 01.09.2008].

Deutsche Gesellschaft für Unfallchirurgie (2004)
Anforderungskriterien an Krankenhäuser, URL: http://www.dgu-online.de/de/unfallchirurgie/strukturpapier/anhang1.jsp [Stand: 24.05.2008].

Deutsche Krankenhausgesellschaft (2004)
Wegfall der AiP-Phase zum 01.10.2004, Die deutsche Krankenhausgesellschaft DKG informiert, URL: https://www.dgu-online.de/de/unfallchirurgie/weiterbildung/aip.jsp [Stand: 24.05.2008].

Deutsche Krankenhausgesellschaft (2008)
Geschichte der Deutschen Krankenhausgesellschaft e.V. (DKG), URL: http://www.dkgev.de/dkg.php/cat/25/aid/5/title/Geschichte_der_Deutschen_Krankenhausgesellschaft_e.V._%28DKG%29 [Stand: 28.05.2008].

Deutscher Ärztetag (105.) (2002)
1. Einsatz von studentischem Hilfspersonal als erste Operations-Assistenz, Bundesärztekammer (Hrsg.), Rostock, 28. - 31.05.2002, URL: http://www.bundesaerztekammer.de/page.asp?his=0.2.23.2450.2536.2540.2541 [Stand: 24.05.2008].

Deutscher Ärztetag (107.) (2004)
(Muster-) Satzungsregelung Fortbildung und Fortbildungszertifikat, Bundesärztekammer (Hrsg.), Bremen, 18. - 21.05.2004, URL: http://www.bundesaerztekammer.de/page.asp?his=0.2.20.1828.2054.2143.2144&all=true [Stand: 24.06.2008].

Deutscher Ärztetag (108.) (2005)
Weiterbildung im Krankenhaus in Diagnosis-Related-Groups (DRG)-Fallpauschalenkalkulation berücksichtigen, Bundesärztekammer (Hrsg.), Berlin, 03. - 06.05.2005, URL: http://www.bundesaerztekammer.de/page.asp?his=0.2.20.1827.1832.1932.1980.1986 [Stand: 24.05.2008].

Deutscher Ärztetag (109.) (2006)
Bezahlung chirurgischer Weiterbildung im DRG-System, Bundesärztekammer (Hrsg.), Magdeburg, 23. - 26.05.2006, URL: http://www.bundesaerztekammer.de/page.asp?his=0.2.20.1157.3920.3977.4025.4028 [Stand: 24.05.2008].

Deutscher Ärzte-Verlag (2008a)
Klinikkonzern wirbt um Ärzte, Berlin, URL: http://www.aerzteblatt.de/v4/news/news.asp?id=31307 [Stand: 28.05.2008].

Deutscher Ärzte-Verlag (2008b)
Kammer Westfalen-Lippe untersucht Weiterbildungsqualität, URL: http://www.aerzteblatt.de/v4/news/news.asp?id=31307 [Stand: 26.05.2008].

Dexter, F. (2000)
A Strategy to Decide Whether to Move the Last Case of the Day in an Operating Room to another Empty Operating Room to Decrease Overtime Labor Costs, in: Anesth Analg, 91, 925 - 928.

Dubach, P., Spycher, S. (2006)
Vorstudie zur Erhebung der Kosten der ärztlichen Weiterbildung, Zusammenfassung, Verband Schweizerischer Assistenz- und Oberärztinnen und -ärzte-Spitalärzte Schweiz (Hrsg.), URL: http://www.buerobass.ch/pdf/2006/VSAO_Vorstudie_Zusammenfassung.pdf, [Stand: 04.10.2008].

Feld, M. (2005)
Ökonomisierung des Gesundheitswesens: Weiterbildung wird zum lästigen Nebenprodukt, in: Deutsches Ärzteblatt, 102, 30, A 2128, URL: http://www.aerzteblatt.de/v4/archiv/pdf.asp?id=47845 [Stand: 01.09.2008].

Fischer, K., Endrich, B., Schleppers, A. (2002)
Datenanforderungen auf dem Personalsektor zur Abbildung von Prozessen im OP und zur Kalkulation der DRGs, Stellungnahme des Berufsverbandes der Deutschen Chirurgen und des Berufsverbandes Deutscher Anästhesisten, in: Anästh Intensivmed, 43, 457 - 461.

Fischer, W. (2004)
Gesucht: Ein DRG-System für die Schweiz, Kurzer Überblick zum Beginn der Arbeiten am SwissDRG-Projekt, URL: http://www.swissdrg.org/assets/pdf/de/DRG-CH-Modellwahl-0404.pdf [Stand: 26.05.2008].

Flenker, I. (2005)
Ärztliche Weiterbildung - eine Investition in die Zukunft!, in: Westfälisches Ärzteblatt, 6, 3.

Flintrop, J. (2006)
Auswirkungen der DRG-Einführung: Die ökonomische Logik wird zum Maß der Dinge, in: Deutsches Ärzteblatt, 103, 46, A 3082, URL: http://www.aerzteblatt.de/v4/archiv/artikel.asp?id=53507 [Stand: 01.09.2008].

Flintrop, J. (2007)
Universitätskliniken: Die Fachgesellschaften schlagen Alarm, in: Deutsches Ärzteblatt, 104, 11, 499, URL: http://www.aerzteblatt.de/v4/archiv/artikel.asp?id=57114 [Stand: 21.09.2008].

Fotuhi, P., Siegrist, M., Vogel, S., u.a. (2007)
Deutsche Ärzte unzufriedener als ihre Schweizer Kollegen, in: Deutsches Ärzteblatt, 104, 5, A 243 - 246.

Friedrich, U. (2002a)
Die neue Finanzierung der allgemeinen Krankenhausleistungen, in: Zeitschrift für kommunale Selbstverwaltung, 72, 7, 477 - 481.

Friedrich, U. (2002b)
Anwendung von DRG-Fallpauschalen in Australien - Bericht über eine Studienreise, Zeitschrift für kommunale Selbstverwaltung, 72, 7, 482 - 483.

Geiser, C. (2003)
Einfaktorielle Varianzanalyse ohne Messwiederholung mit SPSS, Institut für Psychologie der Universität Magdeburg (Hrsg.), URL: http://userpage.fu-berlin.de/~geiser/ANOVA3.pdf, [Stand: 13.10.2008].

Geldner, G., Eberhart, L., Trunk, S., u.a. (2002)
Effizientes OP-Management, Vorschläge zur Optimierung von Prozessabläufen als Grundlage für die Erstellung eines OP-Statuts, in: Anaesthesist, 51, 760 - 767.

Gemeinsamer Bundesausschuss (2005)
Bekanntmachung eines Beschlusses des Gemeinsamen Bundesausschusses nach § 91 Abs.7 des Fünften Buches Sozialgesetzbuch (SBG V) (Vereinbarung zur Fortbildung der Fachärzte im Krankenhaus) vom 20. Dezember 2005, Bundesministerium für Gesundheit und soziale Sicherung (Hrsg.), URL: http://www.g-ba.de/downloads/39-261-257/2005-12-20-Vereinbarung-Fortbildung_BAnz.pdf [Stand: 24.06.2008].

Gerke W., Steiner, M. (2001)
Handwörterbuch des Bank- und Finanzwesens, 3. Auflage, Stuttgart.

Geschäftsstelle der deutschen Krankenhausgesellschaft (2008)
Aktuelle Situation der Krankenhäuser in Deutschland, in: Das Krankenhaus, 1, 21 - 26.

Gesetz über die Berufsausübung, die Berufsvertretungen und die Berufsgerichtsbarkeit der Ärzte, Zahnärzte, Tierärzte, Apotheker sowie der Psychologischen Psychotherapeuten und der Kinder- und Jugendlichenpsychotherapeuten (Heilberufe-Kammergesetz - HKaG), in der Fassung der Bekanntmachung vom 6. Februar 2002, Fundstelle: GVBl 2002, S. 42.

Gesetz zur Modernisierung der gesetzlichen Krankenversicherung (2003)
GKV-Modernisierungsgesetz (GMG) BGBl I S. 2190, 14. November 2003, URL: http://217.160.60.235/BGBL/bgbl1f/bgbl103s2190.pdf [Stand: 05.06.2008].

Gesetz zur wirtschaftlichen Sicherung der Krankenhäuser und zur Regelung der Krankenhauspflegesätze (Krankenhausfinanzierungsgesetz KHG)
in der Fassung der Bekanntmachung vom 10. April 1991(BGBI. I S.886), zuletzt geändert durch das Gesetz zur Reform der gesetzlichen Krankenversicherung ab Januar 2000 vom 22. Dezember 1999 (BGBl. I S. 2626), URL: http://www.gesetze-im-internet.de/bundesrecht/khg/gesamt.pdf [Stand: 21.09.2008].

Griffith, G. (2006)
Commonwealth-State Responsibilities for Health - "Big Bang" or Incremental Reform?, NSW Parliamentary Library Research Service (Hrsg.), URL: http://www.parliament.nsw.gov.au/prod/parlment/publications.nsf/0/87738255CB204176CA25722E00251D8D/$File/Health%20Care%20BP%20and%20Index.pdf [Stand: 24.05.2008].

Hanss, R., Buttgereit, B., Tonner, P., u.a. (2005)
Overlapping Induction of Anestesia, An Analysis of Benefits and Costs, in: Anesthesiology, 103 (2), 391 - 400.

Hölzer, S. (2008)
SwissDRG: Die AG und aktueller Stand, Informationsveranstaltung SwissDRG 0.1 in Bern, 18.06.2008, URL: http://www.swissdrg.org/080618_2_Vostellung_SwissDRG_AG.pdf [Stand: 26.07.2008].

Hungenberg, H. (2006)
Problemlösung und Kommunikation, Fragebogengestaltung, Vorlesungsskript im Sommersemester 2006, Nürnberg, 44 - 52.

Hungenberg, H. (2004)
Strategisches Management in Unternehmen, Ziele - Prozesse - Verfahren, 3. Auflage, Nürnberg.

Institut für das Entgeltsystem im Krankenhaus GmbH (2007)
Abschlussbericht, Weiterentwicklung des G-DRG-Systems für das Jahr 2008, Klassifikation, Katalog und Bewertungsrelationen, URL: http://www.g-drg.de/cms/index.php/inek_site_de/g_drg_system_2008/abschlussbericht_zur_weiterentwicklung_des_drg_systems_und_report_browser/abschlussbericht_zur_weiterentwicklung_des_drg_systems_fuer_2008 [Stand: 23.05.2008].

Jonitz, G. (1999)
Genuine Aufgaben der Ärzte, in: Deutsches Ärzteblatt, 96, 30, A 1943 – 1944, URL: http://www.aerzteblatt.de/V4/archiv/artikel.asp?src=heft&id=18331 [Stand: 21.09.2008].

Kaufmann, T., Schüpfer, G., Bauer, M. (2006)
Der Gini-Koeffizient, Kennzahl für den Standardisierungsgrad operativer Fachabteilungen, in: Anaesthesist, 55, 791 - 796.

Kendell, J., Wildsmith, J., Gray, I. (2000)
Costing anasthetic practice, An economic comparison of regional and general anaesthesia for varicose vein and inguinal hernia surgery, in: Anaesthesia, 55, 11, 1106 - 1113.

Kirchhoff, S., Kuhnt, S., Lipp, P., Schlawin, S. (2001)
Der Fragebogen, Datenbasis, Konstruktion und Auswertung, 2. Auflage, Opladen.

Kraus, W. (2001)
Ärztlicher Dienst und ärztliche Weiterbildung unter den Bedingungen eines DRG-Entgeltsystems, in: Arzt und Krankenhaus, 2, 41 - 42.

Krusch, A., Siegmund, T., Huber, P., u.a. (2006)
Clinical Pathways und Case-Management als DRG-Managementinstrumente, Bericht über ein Pilotprojekt am Klinikum München-Bogenhausen, in: Das Krankenhaus, 2, 124 - 128.

Lohmann, H., Bornemeier, O. (2002)
DRGs als Chance für ein wettbewerbsorientiertes Gesundheitssystem, Gesundheitsökonomie & Qualitätsmanagement, 7, 304 - 309.

Manzeschke, A. (2008)
Demoralisierung und Deprofessionalisierung als Folge der Ökonomisierung des Krankenhauses?, Klinikum Nürnberg, Tagung: Trends im Gesundheitswesen, 16. Februar 2008, URL: http://www.trends-tagung.de/material_trends_tagung_nuernberg/2008/forum_oekonomisierung/manzeschke_Deprofessionalisierung.pdf [Stand: 27.05.2008].

Marburger Bund (2004)
Das neue Arbeitszeitgesetz - Leitfaden für Ärztinnen und Ärzte in Krankenhäusern, Fakten statt Spekulationen, 10 Fragen - zehn Antworten, Brandenburgisches Ärzteblatt, 14, 2, 38, URL: http://www.laekb.de/50ueberUns/20Beitraege/90Archiv/071108_040206.pdf [Stand: 21.09.2008].

McGrath, B. (2005)
Response to Productivity Commission Health Workforce Study Position Paper, Confederation of Postgraduate Medical Education Councils of Australia (Hrsg.), URL: http://www.pc.gov.au/__data/assets/pdf_file/0008/13121/subpp298.pdf [Stand: 24.05.2008].

Meyer, M. (2001)
Krankenhausfinanzierung, Gerke W., Steiner, M. (Hrsg.), Handwörterbuch des Bank- und Finanzwesens, Stuttgart, 1363 - 1371.

Möcks, G. (2003)
Auswirkung der DRGs auf die Krankenhausplanung und die Investitionsfinanzierung - aus Sicht der Krankenhausträger, URL: http://www.deutscher-krankenhaustag.de/de/vortraege/pdf/GDK26-2003-11-20-Moecks.pdf [Stand: 02.08.2008].

Müller, U., Offermanns, M. (2004)
Krankenhausplanung im DRG-System, Expertenbefragung des Deutschen Krankenhausinstituts, Deutsches Krankenhausinstitut e.V. (Hrsg.), URL: http://dki.comnetinfo.de/PDF/Abschlussbericht_Krankenhausplanung.pdf [Stand: 02.08.2008].

Neubauer, G., Beivers, A., Grüneberg, T., Pietsch, G. (2008)
Die Bedeutung des Klinikums Nürnberg für die Metropolregion, Eine gesundheitsökonomische Betrachtung, Institut für Gesundheitsökonomik (Hrsg.).

o.V. (2003)
Ärztliche Zertifizierung, Ärzte müssen Fortbildungspunkte sammeln, in: Via medici online, 22.09.2003, URL: http://www.thieme.de/viamedici/weiterbildung/weiterbildung/fortbildung.html [Stand: 02.06.2008].

o.V. (2004)
"Arzt im Praktikum", Nun ist er weg, in: Spiegel online, 01.10.2004, URL: http://www.spiegel.de/unispiegel/jobundberuf/0,1518,320950,00.html [Stand: 12.06.2008].

o.V. (2007)
Strukturierter Qualitätsbericht gemäß § 137 Abs. 1 Satz 3 Nr. 6 SGB V für das Berichtsjahr 2006, Klinikum Nürnberg (Hrsg.), URL: http://www.klinikum.nuernberg.de/DE/ueber_uns/daten_und_fakten/Qualitaetsbericht_2006/Qualitaetsbericht_2006_pdf.pdf [Stand: 15.08.2008].

o.V. (2008)
Einigung im Tarifstreit der Ärzte, Kein Streik an kommunalen Kliniken, tagesschau.de, 08.04.2008, URL: http://www.tagesschau.de/wirtschaft/aerzte14.html, [Stand: 20.09.2008].

Petrich, P. (2008)
Arztbrief, Klinikum Nürnberg (Hrsg.), 3.

Petrich, P., Strahler, D. (2008)
Jahresbericht 2007, Hightech und Menschlichkeit - ein Widerspruch?, Klinikum Nürnberg (Hrsg.).

Polei,G. (2000)
Umsetzung des § 17b KHG, Gutachten zum DRG-Vergütungssystem in Australien, Deutsche Krankenhausgesellschaft (Hrsg.), URL: http://www.dkg.digramm.com/alte_seite/1_fin/fin_018.htm [Stand: 30.07.2008].

Raetzell, M., Bauer, M. (2006)
Standard operating procedures und klinische Behandlungspfade, Welk, I., Bauer, M. (Hrsg.), OP-Management: praktisch und effizient, Berlin, 187 - 198.

Rau, F. (2002)
DRG-Einführung in Deutschland: Ziele, Problemfelder und Perspektiven auf der Grundlage des Fallpauschalengesetzes aus der Sicht des BMG, Bundesministerium für Gesundheit und soziale Sicherung (Hrsg.), URL: http://www.elsevier.de/elsevier/journals/files/zaefq/archive/802/498Rau.pdf [Stand: 01.08.2008].

Redemann, P. (2002)
Neues Vergütungssystem für Krankenhäuser: Bleibt die Versorgung in der Fläche gesichert?, in: Zeitschrift für kommunale Selbstverwaltung, 72, 7, 484 - 486.

Richter-Reichhelm, M. (2005)
Fortbildungsverpflichtung der Vertragsärzte und Vertragspsychotherapeuten nach § 95d SGB V, Regelung der Kassenärztlichen Bundesvereinigung, in: Deutsches Ärzteblatt, 102, 5, A 306 - 307, URL: http://www.deutschesaerzteblatt.de/v4/archiv/pdf.asp?id=45264 [Stand: 24.06.2008].

Richtlinien über den Inhalt der Weiterbildung (2007)
gemäß §4 (4) der Weiterbildungsordnung für die Ärzte Bayerns vom 24. April 2004 nach den Beschlüssen des Vorstandes der Bayrischen Landeskammer vom 9. Juli 2004 (Bayrisches Ärzteblatt Spezial 2/2004), 2. Juli 2005 (Bayrisches Ärzteblatt 9/2005 S. 623), 30. Juni 2006 (Bayrisches Ärzteblatt 9/2006 S. 423 f.) und 17. November 2007 (Bayrisches Ärzteblatt 12/2007 S. 732), Bayrische Landesärztekammer (Hrsg.).

Riedmayer, J., Schraml, A., Stenzel, J. (2002)
DRG - das neue Entgeltsystem für Kliniken: Ein kommunales Krankenhaus bereitet sich vor!, Zeitschrift für kommunale Selbstverwaltung, 72, 7, 487 - 489.

Roeder, N. (2001)
Clinical Pathways, Auszug aus einem Reisebericht zu einer 2001 durchgeführten Informationsreise mit dem Besuch australischer Krankenhäuser, DRG-Research-Group, UKM Münster (Hrsg.), URL: http://drg.uni-muenster.de/de/behandlungspfade/cpathways/clinicalpathways_reisebericht.php [Stand: 23.05.2008].

Roeder, N. (2002)
Klinische Behandlungspfade: Erfolgreich durch Standardisierung, bessere Zusammenarbeit, klare Verantwortlichkeiten, Kostentransparenz und mehr Qualität, in: f&w, 19, 5, 462 - 464.

Roeder, N. (2008)
Wer finanziert die Weiterbildung?, Sicht des Krankenhausvorstandes, Deutscher Anästhesiekongress am 28.04.2008, Nürnberg.

Roeder, N., Fiori, W., Bunzemeier, H. (2007)
Anpassungsbedarf der Vergütung von Krankenhausleistungen für 2008, Gutachten im Auftrag der Deutschen Krankenhausgesellschaft, DRG-Research-Group, UKM Münster (Hrsg.), URL: http://www.dkgev.de/media/file/3641.Roeder-Gutachten__Anpassungsbedarf_der_Verguetung_von_Krankenhausleistungen_fuer_2008_.pdf [Stand: 23.05.2008].

Roeder, N., Fiori, W., Wenke, A. (2006)
Methodik zur Bewertung von nicht bewerteten DRGs, in: Das Krankenhaus, 2, 120 - 123.

Roeder, N., Hensen, P., Fiori, W., u.a. (2004)
Zusatzentgelte im DRG-System 2005, Aufwändige Teilbereiche werden ausgegliedert und stärken das Fallpauschalensystem, in: f&w, 21, 6, 566 - 574.

Roeder, N., Hensen, P., Hindle, D., u.a. (2003)
Instrumente zur Behandlungsoptimierung, Klinische Behandlungspfade, in: Der Chirurg, 74, 1149 - 1155.
Roeder, N., Hindle, D., Loskamp, N., u.a. (2003a)
Frischer Wind mit klinischen Behandlungspfaden (I), Instrumente zur Verbesserung der Organisation klinischer Prozesse, in: Das Krankenhaus, 1, 20 - 27.
Roeder, N., Hindle, D., Loskamp, N., u.a. (2003b)
Frischer Wind mit klinischen Behandlungspfaden (II), Instrumente zur Verbesserung der Organisation klinischer Prozesse, in: Das Krankenhaus, 2, 124 - 130.
Roeder, N., Müller, M. (2007)
Informationen zu German Refined Diagnosis Related Groups, DRG-Research-Group, UKM Münster (Hrsg.), URL: http://drg.uni-muenster.de/de/informationen/info_gdrgs.php?menu=4, [Stand: 02.08.2008].
Rönz, B., Förster, E. (1992)
Regressions- und Korrelationsanalyse, Grundlagen - Methoden - Beispiele, Wiesbaden.
Rosenbrock, R. (2008)
Wie gut kann die Versorgung noch sein?, Zur Qualität im Gesundheitswesen, Klinikum Nürnberg, Tagung: Trends im Gesundheitswesen,
15. Februar 2008, URL: http://www.trends-tagung.de/material_trends_tagung_nuernberg/2008/Rosenbrock.pdf [Stand: 27.05.2008].
Rüegg-Stürm, J. (2007)
Die Prozessqualität ist die Grundlage, Wege zu einer besseren Kosteneffizienz von Krankenhäusern, Krankenhäuser unter Druck, in: Deutsches Ärzteblatt, 104, 50, C 2943 - 2946.

Sandvoß, G. (o.J.)
Die Behinderung der ärztlichen Weiterbildung durch Politik und Verwaltung, URL: http://www.sandvoss-neurochirurg.de/ppt/VortragBehinderungDurchPolitik.doc [Stand: 23.05.2008].
Schenker, L. (2005)
DRGs und Spitalfinanzierung in der Schweiz, Lehren aus den Erfahrungen in Deutschland, Institut d'économie et management de la santé (Hrsg.), URL: http://www.apdrgsuisse.ch/public/de/0505schenker-d.pdf [Stand: 24.05.2008].
Schenker, L., Indra, P. (2002)
Situation der Krankenhausfinanzierung in der Schweiz mittels APDRG im Jahre 2002, URL: http://www.apdrgsuisse.ch/public/de/0204schenker_indra_financement_hopd.pdf [Stand: 28.05.2008].
Schilz, P., Schmidt, M. (2002)
Das Optionsmodell 2003, in: Das Krankenhaus, 10, 4 - 8.
Schleppers, A., Bauer, M., Berry, M., u.a. (2005)
Analyse der IST-Kosten Anästhesie in deutschen Krankenhäusern, - Bezugsjahr 2002 -, in: Anästh Intensivmed, 46, 23 - 28.
Schleppers, A., Bauer, M., Pollwein, B., u.a. (2003)
Der "richtige" Anteil der DRG-Erlöse für die Anästhesieabteilung, in: Anästh Intensivmed, 44, 803 - 807.
Schlottmann, N., Fahlenbrach, C., Brändle, G., Wittrich, A. (2006)
G-DRG-System 2007, Abbildungsgenauigkeit deutlich erhöht, in: Das Krankenhaus, 11, 939 - 951.
Schlottmann, N., Köhler, N., Fahlenbrach, C., Brändle, G. (2007)
G-DRG-System 2008, in: Das Krankenhaus, 11, 1070 - 1082.
Schmidt, C., Gabbert, F., Engler, F., Möller, J. (2003)
Krankenhausmarkt im Umbruch - Welche Kliniken profitieren von der aktuellen Situation?, in: Gesundheitsökonomie & Qualitätsmanagement, 8, 294 - 299.
Schmidt, C., Möller, J., Gabbert, T., u.a. (2004)
Krankenhauslandschaft in Deutschland - Ein Markt im Umbruch, in: Deutsche Medizinische Wochenschrift, 129, 3, 1209 - 1214.
Schmidt, C., Möller, J., Hesslau, U., u.a. (2005)
Universitätskliniken im Spannungsfeld des Krankenhausmarktes, in: Anaesthesist, 54, 694 - 702.
Schüpfer, G. (2007)
DRG's und ihre kalkulierten Schäden für den ärztlichen Nachwuchs, Verband chirurgisch und invasiv tätiger Ärztinnen und Ärzte Schweiz (Hrsg.), URL:
http://www.fmch.ch/index.asp?topic_id=20&content_id=111&g=18 [Stand: 24.05.2008].
Siegler, B. (2008)
Klinikumszeitung, Klinikum Nürnberg (Hrsg.), 3.
Siegmund, F. (2007)
Kennzahlen nutzen für höhere OP-Effizienz, Die Erhebung des BDA eröffnet Potenziale, in: f&w, 24, 6, 696 - 697.

Siegrist, M., Orlow, P., Giger, M. (2005)
Weiterbildung aus der Sicht der Assistenzärzte, Die wichtigsten Resultate der Umfrage 2004 bei Assistenzärztinnen und -ärzten über die Weiterbildung, in: Schweizerische Ärztezeitung, 86, 7, 412 - 423.

Sinzinger, H. (2002)
DRGs - Damoklesschwert oder Silberstreif, in: Deutsche Medizinische Wochenschrift, 127, 5, 1344.

Söffge, W. (2002)
Ablaufpfade führen zu Transparenz, Qualität und Effizienz. Mit den DRG werden standardisierte Behandlungswege unverzichtbar, in: f&w, 19, 2, 169 - 170.

Sozialgesetzbuch (SGB) (2008)
Fünftes Buch (V), Gesetzliche Krankenversicherung, Stand: Zuletzt geändert durch Art. 6 G v. 28.5.2008 I 874, URL: http://www.sozialgesetzbuch-bundessozialhilfegesetz.de/_buch/sgb_v.htm [Stand: 03.07.2008].

Spirkl, R. (2008)
Intraoperative Prozesszeiten im prospektiven multizentrischen Vergleich: Eingeschränkte Aussagekraft, Deutsches Ärzteblatt, 105, 10, 188a.

Statistisches Bundesamt (2006a)
Fallpauschalen bezogene Krankenhausstatistik (DRG-Statistik), Diagnosen und Prozeduren der vollstationären Patienten und Patientinnen in Krankenhäusern, Fachserie 12, Reihe 6.4, Wiesbaden, URL: https://www-ec.destatis.de/csp/shop/sfg/bpm.html.cms.cBroker.cls?cmspath=struktur,vollanzeige.csp&ID=1021166 [Stand: 21.09.2008].

Statistisches Bundesamt (2006b)
Kostennachweis der Krankenhäuser, Fachserie 12, Reihe 6.3, Wiesbaden, URL: https://www-ec.destatis.de/csp/shop/sfg/bpm.html.cms.cBroker.cls?cmspath=struktur,vollanzeige.csp&ID=1021346 [Stand: 21.09.2008].

Steinmann (1998)
Der hippokratische Eid, Übersetzung nach Edelstein Lichtenthaeler,
URL: http://www.vox-graeca-gottingensis.de/Texte/Hippokra/eiddt.htm
[Stand: 23.05.2008].

Stender, J. (2006)
Berufsbildung in der Bundesrepublik Deutschland, Teil 2: Reformansätze in der beruflichen Bildung, Erstauflage, Stuttgart.

Strahler, D. (2005)
Gesetzesänderung - Wer ersetzt den AiP, in: Klinikumszeitung des Klinikum Nürnberg, 25.01.2005, URL: http://www.klinikum.nuernberg.de/DE/ueber_uns/aktuelles/knzeitung/2005/200501/gesetzesaenderung.html [Stand: 13.06.2008].

Tuschen, K. H., Braun, T., Rau, F. (2005)
Erlösausgleiche im Krankenhausbereich: Eine Orientierungshilfe, in: Das Krankenhaus, 11, 955 - 960.

Urban, T. (o.J.)
Informationen rund um die Tätigkeit als Assistenzarzt, Arbeitszeit, Dienste und Co., in: MEDI-LEARN, URL: http://www.medi-learn.de/medizinstudium/campus/nach_dem_Studium/Assistenzarzt/Arbeitszeit_Dienste_und_Co/ [Stand: 06.09.2008].

Van Aken, H., Hiddemann, W., Steinau, H.-U., Encke, A. (2007)
Die universitäre Medizin zwischen Exzellenzinitiative und "Brain Drain", Offener Brief der Wissenschaftlichen Medizinischen Fachgesellschaften in der Bundesrepublik Deutschland an die verantwortlichen Politiker, Arbeitsgemeinschaft der Wissenschaftlichen Medizinischen Fachgesellschaften (Hrsg.), URL: http://www.dgch.de/downloads/dgch/Aktuelles/AWMF_Resolution.PDF [Stand: 24.05.2008].

Verein SwissDRG (2005)
Die Schweiz setzt auf das deutsche Spital-Tarifsystem G-DRG, URL: http://www.swissdrg.org/assets/pdf/de/Pressemitteilung_Systemwahl_19_12_05-d.pdf [Stand: 26.05.2008].

Vereinigung der kommunalen Arbeitgeberverbände und Marburger Bund (2006)
Tarifvertrag für Ärztinnen und Ärzte an kommunalen Krankenhäusern, 17. August 2006.

Vogd, W. (2004)
Ärztliche Entscheidungsprozesse des Krankenhauses im Spannungsfeld von System- und Zweckrationalität: Eine qualitativ rekonstruktive Studie unter dem besonderen Blickwinkel von Rahmen und Rahmungsprozessen, Berlin, URL: http://userpage.fu-berlin.de/~vogd/vogdhabil.pdf [Stand: 01.09.2008].

von Reibnitz, C., Hermanns, P. (o.J.)
Cinical Pathways, URL: http://www.medical-text.de/drg/clinical_pathways/clinical%20pathways.pdf [Stand: 23.05.2008].

Wagner-Fallasch, E. (2004)
Fort- und Weiterbildung der Ärztinnen und Ärzte tarifvertraglich verankern!, Vereinte Dienstleistungsgewerkschaft (Hrsg.), 27, 25 - 27, URL: http://www.verdi.de/gesundheit-soziales/branchenpolitik/krankenhaeuser/infodienst_krankenhaeuser/data/infodienst_nr__26.pdf [Stand: 01.09.2008].

Weiterbildungsordnung für die Ärzte Bayerns (2004)
vom 24. April 2004 in der Fassung der Beschlüsse des 64. Bayrischen Ärztetages vom 14. Oktober 2007, Bayrische Landesärztekammer (Hrsg.).

Weiterbildungsordnung für die Ärzte Bayerns (2004)
vom 24. April 2004 i.d. Fassung der Beschlüsse vom 14. Oktober 2007 Dokumentationsbogen Hals-Nasen-Ohrenheilkunde, Stand 01.01.2008 Inhalte der Weiterbildung gemäß §4 (3) der Allgemeinen Bestimmungen der WBO, Bayrische Landesärztekammer (Hrsg.).

Weiterbildungsordnung für die Ärzte Bayerns (2007)
vom 24. April 2004 i.d. Fassung der Beschlüsse vom 14. Oktober 2007 Dokumentationsbogen Viszeralchirurgie, Stand 01.01.2008 Inhalte der Weiterbildung gemäß §4 (3) der Allgemeinen Bestimmungen der WBO, Bayrische Landesärztekammer (Hrsg.).

Welk, I., Bauer, M. (2006)
OP-Management: praktisch und effizient, Erstauflage, Berlin.

Wienke, A. (2002)
Der Facharztstandard im Spiegel der Rechtsprechung, Besondere Anforderungen bei Operationen und im Bereitschaftsdienst, in: Hessisches Ärzteblatt, 8, 462 – 463, URL: http://www.laekh.de/upload/Hess._Aerzteblatt/2002/2002_08/2002_08_09.pdf [Stand: 21.09.2008].

Wildner, R. (2008)
Datenermittlung, Vorlesungsskript im Sommersemester 2008, Nürnberg, 32 - 74.

Zulassungsverordnung für Vertragsärzte (2008)
in der im Bundesgesetzblatt Teil III, Gliederungsnummer 8230-25, veröffentlichten bereinigten Fassung, zuletzt geändert durch Artikel 13 des Gesetzes vom 28. Mai 2008 (BGBl. I S. 874), Bundesministerium der Justiz (Hrsg.), URL: http://bundesrecht.juris.de/bundesrecht/zo-_rzte/gesamt.pdf [Stand: 16.06.2008].

Schriften zur Gesundheitsökonomie

HERZ

Health Economics Research Zentrum
Buchweizenfeld 27
31303 Burgdorf
Fax: +49(0)5136/976187
email: herz@schoeffski.de

Bisher erschienen:

Band 1 *Steininger-Niederleitner, M., Sohn, S., Schöffski, O. (2003)*
Managed Care in der Schweiz und Übertragungsmöglichkeiten nach Deutschland
ISBN 3-936863-00-8, 172 S., 18 Abb., Geb. EUR 19,90

Band 2 *Esslinger, A. S. (2003)*
Qualitätsorientierte strategische Planung und Steuerung in einem sozialen Dienstleistungsunternehmen mit Hilfe der Balanced Scorecard
ISBN 3-936863-01-6, 276 S., 36 Abb., 50 Tab., Geb. EUR 29,90

Band 3 *Lindenthal, J., Sohn, S., Schöffski, O. (2004)*
Praxisnetze der nächsten Generation: Ziele, Mittelverteilung und Steuerungsmechanismen
ISBN 3-936863-02-4, 216 S., 16 Abb., 19 Tab., Geb. EUR 24,90

Band 4 *Steinbach, H., Sohn, S., Schöffski, O. (2004)*
Möglichkeiten der Kalkulation von sektorenübergreifenden Kopfpauschalen (Capitation)
ISBN 3-936863-03-2, 312 S., 22 Abb., 28 Tab., Geb. EUR 29,90

Band 5 *Glock, G., Sohn, S., Schöffski, O. (2004)*
IT-Unterstützung für den medizinischen Prozess in der integrierten Versorgung
ISBN 3-936863-04-0, 208 S., 22 Abb., Geb. EUR 24,90

Band 6 *Hagn, D., Schöffski, O. (2005)*
Orphan Drugs. A Challenge for the Pharmaceutical Industry in Europe
ISBN 3-936863-05-9, 160 S., 37 Abb., 20 Tab., Geb. EUR 19,90

Band 7 *Pelleter, J., Sohn, S., Schöffski, O. (2004)*
Medizinische Versorgungszentren. Grundlagen, Chancen und Risiken einer neuen Versorgungsform
ISBN 3-936863-06-7, 196 S., 18 Abb., Geb. EUR 24,90

Band 8 *Sohn, S. (2006)*
Integration und Effizienz im Gesundheitswesen. Instrumente und ihre Evidenz für die integrierte Versorgung
ISBN 3-936863-07-5, 288 S., 26 Abb., 28 Tab., Geb. EUR 29,90

Band 9 *Hämmerle, P., Estelmann, A., Schwandt, M., Schöffski, O. (2006)*
Moderne Verfahren der Qualitätsberichterstattung im Krankenhaus
ISBN 3-936863-08-3, 140 S., 33 Abb., Geb. EUR 19,90

Band 10 *Marschall, D. (2007)*
Positionierung einer erfolgreichen Arzneimittelmarke
ISBN 978-3-936863-09-3, 244 S., 54 Abb., 24 Tab., Geb. EUR 24,90

Band 11 *Haarländer, S., Bühner, A., Schwandt, M., Schöffski, O. (2007)*
Public Private Partnership (PPP) im Krankenhausbereich
ISBN 978-3-936863-10-9, 192 S., 32 Abb., 3 Tab., Geb. EUR 24,90

Band 12 *Schmitt-Rüth, S., Esslinger, A. S., Schöffski, O. (2007)*
Der Markt für Medizintechnik – Analyse der Entwicklungen im Wandel der Zeit
ISBN 978-3-936863-11-6, 172 S., 20 Abb., 6 Tab., Geb. EUR 19,90

Band 13 *Sauer, F. (2007)*
Erfolgsfaktoren für das marktorientierte Management patentgeschützter Arzneimittel
ISBN 978-3-936863-12-3, 388 S., 54 Abb., 29 Tab., Geb. EUR 34,90

Band 14 *Emmert, M. (2008)*
Pay for Performance (P4P) im Gesundheitswesen – Ein Ansatz zur Verbesserung der Gesundheitsversorgung?
ISBN 978-3-936863-12-3, 460 S., 41 Abb., 77 Tab., Geb. EUR 39,90

Band 15 *Patzak, M. (2009)*
Alternative Finanzierungsinstrumente für Krankenhäuser
ISBN 978-3-936863-14-7, 320 S., 340 Abb., 28 Tab., Geb. EUR 39,90

Band 16 *Heil, A., Schwandt, M., Schöffski, O. (2009)*
Darstellung ärztlicher Weiterbildungskosten im Krankenhaus
ISBN 978-3-936863-15-4, 156 S., 9 Abb., 8 Tab., Geb. EUR 24,90